阅读成就思想……

Read to Achieve

心理学普识 系列

重新定义心理学

关于心理学的另类思考

【英】彼得·金德曼（Peter Kinderman）著　　黄珏苹　译

THE NEW LAWS OF PSYCHOLOGY

Why Nature and Nurture Alone Can't Explain Human Behaviour

中国人民大学出版社
·北京·

图书在版编目（CIP）数据

重新定义心理学：关于心理学的另类思考 /（英）彼得·金德曼 (Peter Kinderman) 著；黄珏苹译. -- 北京：中国人民大学出版社，2018.1

书名原文：The New Laws of Psychology: Why Nature and Nurture Alone Can't Explain Human Behaviour

ISBN 978-7-300-24842-4

Ⅰ. ①重… Ⅱ. ①彼… ②黄… Ⅲ. ①心理学—研究 Ⅳ. ① B84

中国版本图书馆 CIP 数据核字 (2017) 第 199700 号

重新定义心理学：关于心理学的另类思考

［英］彼得·金德曼　著

黄珏苹　译

Chongxin Dingyi Xinlixue：Guanyu Xinlixue de Linglei Sikao

出版发行	中国人民大学出版社		
社　　址	北京中关村大街 31 号	**邮政编码**	100080
电　　话	010-62511242（总编室）		010-62511770（质管部）
	010-82501766（邮购部）		010-62514148（门市部）
	010-62515195（发行公司）		010-62515275（盗版举报）
网　　址	http://www.crup.com.cn		
	http://www.ttrnet.com（人大教研网）		
经　　销	新华书店		
印　　刷	天津中印联印务有限公司		
规　　格	170mm×230mm　16 开本	**版　次**	2018 年 1 月第 1 版
印　　张	13　插页 1	**印　次**	2024 年 5 月第 3 次印刷
字　　数	158 000	**定　价**	69.00 元

前 言

THE NEW LAWS OF PSYCHOLOGY

什么原因导致了我们的行为？什么使得人生有价值？大脑的生物学功能是我们的行为、思想和情感的最好解释吗？人的行为千差万别，人格不尽相同。遗传变异是解释这些差异的最佳方法吗？我们的命运是由生物学主宰的吗？如果是这样，那么自由意志有什么用？

或者我们是否就像随波逐流的软木浮漂，是社会环境造就的不会思考的产物？我们知道，经济、物质和社会背景是很重要的因素。来自不同社会背景的人会有不同的行为，遭遇到的重大生活事件有可能给我们造成创伤，那么我们只是环境的产物吗？即使我们就“人是基因与环境互动的结果”达成共识，但这并没有给自主、自由意志和人性留下太多空间。

或者我们是聪明、好问、充满好奇心地去积极探索认识这个世界的生灵吗？我们能理解这个世界吗？我们对大自然能有所感悟吗？会欣赏其他人的行为吗？能够分辨所见的复杂的、多变的、华丽表征的事物吗？我们能建立关于世界的心理模型吗？

尽管心理学是一门相对比较年轻的学科，但近年来心理学的进步使我们能够更清楚地了解我们自己。就在不久前，心理学家、精神病学家和神经学家的解释依然在压抑、分隔人类的行为。生物学的解释认为，我们是大脑的奴隶，说到底就是基因的奴隶。行为心理学家认为，我们的行为是习得的，生活中的事件在很大程度上塑造了我们。传统行为学的解释倾向于把人看成是机械的机器人，完全受惩罚和奖励模式的影响。

现在，新的认知心理学方法正在形成，它提供了对人类境况更加乐观的观察。这种方法带来了新的思考方式，即重新定义心理学；它还带来了对待心理健康的新态度，即聚焦于提升健康，而不是治疗所谓的心理疾病。

认知心理学家认为，人们在理解周围的世界后形成心理模型，再发展出复杂的理解框架，并据此采取行动。人不只是生物学的初级产品，也不只是人生沉浮中的一枚被动的棋子。人生来就是学习的机器，拥有非常复杂但接受能力很强的大脑，为理解和参与这个世界做好了准备。通过人生中经历的事件和事例，我们形成了关于世界的心理模型，并以此来指导我们进行思考、情绪调节和行为规范。

这些关于“作为人类意味着什么”的思考方式并不令人吃惊，也不陌生。这种思考方式会彻底改变我们对人类、对心理健康甚至对道德和自我意识的理解。作为临床心理学家，我认为如果我们更好地理解思想、情绪和信念，便会以不同方式认识心理健康。我们将改变诊断所谓的心理疾病的方式，为苦恼的人们提供现实的帮助。重新定义心理学会改变我们理解和治疗心理疾病的所有方式。

生物决定论

人类行为的生物学解释认为，我们的行为是大脑的产物，而大脑是基因的产物。这种解释在 20 世纪早期特别流行，目前在电视、广播和报纸等媒体上依然很普遍。这种观点很有吸引力。大脑显然担负着各种重要的生物学功能，用生物学解释复杂的人类现象既很常见，也很有说服力。神经递质多巴胺（与很多毒品、精神病存在关联）似乎使各种事件具有更加个人化的重要性和显著性，它与多种心理健康问题有关，包括像幻觉和被害妄想这样的精神病体验。另一种神经递质血清素（Serotonin）与奖赏机制、社会地位相关，因此也与抑郁症、低自尊相关。

心理现象的生物学解释有很多正确的地方，但单独的生物学解释并不能很好地解释复杂的行为，它们尤其不善于解释人与人之间的差异，而这通常正是我们所感兴趣的地方。从某种程度上来说，我们的行为的确是大脑功能的产物，即我们的每个行为和每个想法都与大脑有关。但是既然每个想法必然涉及大脑，那么这只能说明我们用大脑进行思考。这种解释并不能在很大程度上增进我们的理解。当自信的人思考如何当众表演时，他们的大脑参与了思考，但这也适用于焦虑紧张的人，他们的大脑同样参与了思考。只是从神经学角度来解释复杂的人类行为就相当于用引爆了烈性炸药来解释第一次世界大战的起源。我们很难反驳简单的生物学模型，但它没有多少价值。

一种更精确的生物学解释聚焦于个体差异，认为行为、人格和态度的明显差异的最佳解释是人与人的生物学差异。在充满压力的情境中，比如在自然灾难中，有些人会出现严重的心理健康问题，而有些人的适应能力很强。该理论从生物功能差异的角度来解释这种对创伤的不同心理反应。例如，我们认为有些人的应激激素皮质醇的水平会显著升高。如果我们的行为可以从生物过程的角度来解释，那么用生物方法进行干预应该是合理的。在心理健康问题上，这意味着使用药物。

生物学解释很重要，也很有用。如果不了解大脑的工作原理，我们便不可能全面了解人类生活。但是这些解释是不完备的。尽管更好地了解大脑至关重要，但不借助心理学，神经学几乎无法解释为什么两个不一样。很多人，包括我自己，天生对生物干预慎之又慎。药物是解决心理健康难题的普遍方法，但不是令人心动的方法。如果想搞明白人类行为、情绪及心理健康问题，我们必须懂得有关人们理解世界的方式的心理学。

社会决定论

我们沉浸在社会中，社会塑造并支持着我们。我们的行为一部分源自社会环境，是偶然的强化性事件的结果。在我们的一生中，都会面对许许多多的事件和机会，它们会塑造我们和我们的行为。当我们的做法每次都受到奖励时，我们的行为就会发生改变。奖励可能很明显，比如贿赂或称赞，也可能很微妙，但同样是有效的强化，比如父母因为我们说的话而微笑，或者看到其他人因为他们的行为而受到奖励。我们至少在一定程度上是人生中受到奖励与惩罚的产物。因此心理学领域存在一个很牢固的传统，那就是用奖励和惩罚来解释行为，解释人与人之间的差异。

以前很多心理学家特别热衷于这种解释。许多心理学家认为，人类行为甚至思维本身只是我们所受强化与惩罚模式的产物。但是就像我之后要详细说明的，这些解释也并不充分。尽管不同的人生经历确实会造成不同的情绪结果，但人们同样会对类似的人生经历做出不同的反应，进行不同的解释。重申一遍，我们必须懂得有关人们理解世界的方式的心理学。

关于自己、他人、世界和未来的想法

人不只是生物机器，也不是没有思想的肉体，会受到社会和环境压力的塑造。我们不只是基因的生物学产品，也不只是后效强化事件不可避免的结果。我们能够领悟世界的意义。

我们的看法、情绪和行为，包括我们的心理健康，都是我们对自己、他人、世界和未来的思考方式的产物。反过来，这些想法是学习的结果：从社会环境、生活事件和经历中学习，从我们理解它们和对它们的反应中学习。大脑是超级高效的学习机器，我们对自己的经历进行解释。

人性

有时最明显、最简单的解决方法就是最好的解决方法。如果能理解人们的人生故事，我们就能理解他们。我们生活在社会和技术都在快速改变的世界里。政治是全球化的，技术在飞速进步，我们 24 小时都能接收到新闻。但在人类生活中，我们做大多数事情的理由非常直截了当——人们在了解周围世界后并做出相应的行为。我们不仅可以用这些知识理解心理健康，还可以用来理解生活中其他重要的方面，如人际关系、家庭、工作、幸福、道德评判等。在卓越的科学和先进技术包围的世界中，这是对人性和质朴的呼唤。

心理健康及其他

作为临床心理学家，我尤其关注心理健康。在这方面，心理健康的生物心理社会学模型提供了思考影响心理健康的主要因素的有益框架，这些因素涉及生物学、心理学和社会学范畴。我们知道，生物因素会影响心理健康。毒品以及酒精、尼古丁、咖啡因会改变我们的行为，影响我们的心理健康。遗传因素也与心理健康问题相关，尽管它们之间的关系远比寻找“精神分裂症基因”复杂得多。令人着迷的神经学研究使我们能够洞察普通行为和心理健康问题背后的机制。否认生物因素与人类行为或心理健康问题之间的关系是错误的。生物因素对心理健康有影响是一个基本的要点，因为它们会影响我们的心理。

社会因素显然同样关系到心理健康问题。生活在贫穷和社会剥夺（socially deprived）环境中的人更有可能出现心理健康问题，而且问题可能会比较严重。孤独的人比有知心好友的人更容易出现心理问题。各种消极的生活事件也与心理健康问题存在关联，这些事件包括战争、社会灾难、个人创伤（如童年时受虐待或被强奸）、一些比较普通的消极事件（如离婚、丧失亲友或裁员）甚至日常小烦恼的积累。这些事件令人痛苦悲伤，但一定要记住很多人是创伤性经历（比如受攻击、强奸和童年时的性虐待）的幸存者。很多人在学校或工作岗位受到过欺凌。这些创伤影响了我们的心理健康，改变了我们。我们不能就此认为，被消极事件严重伤害的人在某种意义上是不合格的、有病的或本质上不适应的。这些社会因素之所以会影响我们的心理健康和情绪，是因为它们改变了我们学着看待世界的方式。

尽管人类的所有行为都与大脑有关，但在解释人与人的差异上，我们不需要查看大脑功能方面的差异。大脑的任务是加工信息。如果具有相同大脑的同卵双生子学会了以不同的方式理解世界，那么他们的行为也会不一样。了解人们如何学着理解周围的世界很重要。

我们对心理学的认知已经发展了，心理学不再是 18、19 世纪时基础的生物医学视角的精神病学，这种心理学本身就是过于简单化的。20 世纪早期，心理学家重点研究的是联结，即巴甫洛夫的经典条件作用。由此很快产生了“效果律”，这是行为心理学的基本原则。它指的是如果一个行为伴随着强化，即积极的结果，那么这种行为再次发生的可能性会增加；反之，如果一个行为伴随着惩罚，即消极的结果，那么这种行为再次发生的可能性会降低。显然这个观点很重要。它影响了各种政策和实践，包括儿童保育政策、教育政策和刑事司法政策。

心理学继续向前发展。认知心理学确立了有关日常生活的几个重要事实。人类是天生的学习机器。我们拥有动物世界中独一无二的大脑，它以惊人的速度吸收信息。为了达到成年人 20 000 个词汇的词汇量，儿童必须每天学会多达 20 个新词汇。在形成有关世界的心理模型的过程中，我们可以很好地认识这种学习。这些模型很复杂（大部分是潜意识的），依赖于同时操纵抽象的有关世界的表征。为了理解世界，我们必须构建起抽象的世界表征，比如“他是值得信赖的”。这些表征是抽象的，因为我们无法实际触摸到“可信赖性”，但证据显示我们的日常行为受到了这种表征的影响。而且显然大多数人具有非常复杂的有关世界的表征，并且在很多层面同时加工着信息。因此我们有关世界的心理模型源自同时操纵大量复杂、抽象的世界表征。这些模型非常重要，它们能够解释我们的想法、情感和行为。如果你能搞明白这些心理模型，你就能理解人们的行为、情感和想法。

这说明尽管我们生来就存在差异，但人与人之间的差异更多地与不同的经历和文化有关。这说明生物和遗传因素给予了我们无与伦比的学习能力，这使我们有别于其他动物，但不能很好地解释人与人之间的差异。人们在行为、情绪和想法上的差异最好用人生经历的差异、对这些经历的理解的差异来解释。这样神经学就应该是为心理学服务的。

我们不完美

根据心理科学的理论，我们的心理（精神）生活大部分是一个构建的过程。通过感官提供的证据，我们建立了世界的写照，而不是把看到的世界写照直接投射到大脑上。这意味着我们会犯很多错误，尽管我们很多的世界写照非常有效，也就是说猜得很准。对目击证人的研究显示我们的记忆不可靠。“看不见的大猩猩”的错觉研究显示人们常常感知不到环境中的明显改变，尤其是出乎他们意料的改变。

我们以为自己看到的事物并不一定完全反映了客观现实，这尤其适用于心理困扰。人们因为对自己、对他人、对世界、对未来的消极想法而变得抑郁或焦虑。我们理解世界的框架，尤其是我们如何解释生活中的关键事件是非常重要的。这个构建过程会影响我们对自己、对世界的感知，就像所有的感知一样。在有些情况中，人们会变得容易被蒙骗，会产生幻觉。这些幻觉可能是他们在遭受迫害，或者听到了根本不存在的声音。但是因为我们会犯错，所以这些令人痛苦的观念可能是错误的。甚至我们的自我意识也是一种构建物。我们通过形成有关我们自己的工作模型来了解我们是谁、我们表现得如何。我们需要了解的正是这些工作模型。这意味着很多心理健康问题，比如偏执狂、抑郁、社交焦虑等可能是糟糕的学习经历的结果，而不是生物学上的缺陷。

人类大脑的学习潜力巨大。我们发展出了运用抽象概念的能力，这是一个巨大的革命性飞跃，也是人类独有的。这意味着我们不仅知道现在的情况，而且还能够预测未来。我们还知道这些预测有什么意义或影响。我们使用抽象、复杂的概念，比如“信任”“爱”。操作这些抽象概念很重要，因为它们会产生重要的结果。想象一种长期关系：两个人可能会说他们彼此相爱，信任彼此。如果事实上一个人经常偷另一个人的钱，我们估计这会影响他们的关系。人类推理的基础是同时加工多个抽象的表征，我们大多数重要的行为，尤其是人际关系中的行为，部分受到了对社交世界复杂而抽象的理解方式的影响。

当然这是极其复杂的。复杂到我们日常的很多思考根本不是基于数学逻辑，而是基于“启发法”。这些简单的经验法则使我们可以快速采取行动。人们的很多重要决策并没有使用逻辑，而是依赖“经验法则”以及快速、实用的模糊猜测。

从心理学角度进行的思考

所有这一切意味着，我们的看法、情绪和行为，包括我们的心理健康都是我们理解世界的方式的产物。我们用心理过程构建世界的心理模型，而心理过程本身就会受到生物因素、社会因素和生活事件的影响。

因此最好从人的角度，而不是从生物学的角度来理解心理健康问题。当然所有的心理健康问题都涉及大脑，因为我们的每个想法都与大脑的神经功能有关。但是人与人之间的心理健康差异或行为差异很少能用神经过程的差异来解释。大多数心理问题的差异可以从经历的角度，而非遗传或神经功能不良的角度进行解释。奖赏机制涉及血清素和多巴胺，但每个人都是这样。神经学的解释是合理而详尽的，但不是很好的解释。它们描述了与特定行为有关的大脑机制，但没有解释为什么涉及这些机制。

行为心理学家的解释同样不充分。人（和动物）当然会很快学会识别哪些刺激标志着环境中的重要事件（比如食物的出现）。同样地，我们会很快认识到自己行为的结果。我们会重复做带来奖励的行为，而不再做会带来惩罚的行为。虽然后效强化在塑造我们的行为方面具有一定的作用（它确实重要），但人们同样很快学会了从非常抽象的角度来理解周围的世界。我们学会了预测未来，搞懂了强化计划背后的规律。我们知道什么时候可能得到奖励，什么时候可能会受到惩罚。我们学会了为解决问题而理解问题，不仅仅是为了获得奖励。我们根据其他人的行为来调整自己的行为，这样我们学会了社交行为中的规则。所有这些都说明有比行为心理学的解释更精确、更好的解释。

这对心理保健有什么意义

认识到人们在主动地理解周围的世界对心理疾病的诊断和变态心理这个概念具有直接的影响。"心理疾病"和"变态心理学"这类概念源自传统医学，它假定医生可以像看待其他疾病一样看待情绪问题。然而这些观点过时了，而且有损人格。在相关出版物，如美国精神病学会（the American Psychiatric Association）的《精神疾病诊断与统计手册》（*Diagnostic and Statistical Manual*）中广泛使用的诊断类别，像"重度抑郁症"和"精神分裂症"并无实际帮助。整个"心理疾病"的概念都是毫无意义的。有非常多的人显然存在严重的心理问题。在英国，自杀是第一个孩子出生后头一年中女性死亡的最普遍原因，四分之一的人在一生中的某个时期会存在某种形式的情绪问题。从心理疾病到心理健康的代价大约每年为几十亿英镑，抗抑郁剂成为了大型跨国制药公司最普遍、最盈利的产品。但是心理疾病的观念毫无益处，甚至变态心理学这个概念也是不合理的。

一些过度诊断很说明问题。美国精神病学会提到了“对立违抗性障碍”（opposition defiant disorder）概念，这是一种儿童心理疾病，特点是“任性”和“顽固”。以这种方式区分“正常”和“不正常”是不合理的。这不符合逻辑，也不科学，这些情绪、想法和行为背后的心理过程是人所共有的，它们并没有突然出现在被诊断患有某种疾病的人身上。这种诊断毫无益处的原因在于它造成了“他们”和“我们”之间的界线，会给人带来永久的耻辱。更恰当的做法是认为心理健康的所有方面都处于一个连续体上，也就是表示正常的痛苦与“心理疾病”之间不存在一条界线。人们只是在理解周围的世界，人与人之间的差异很可能反映了各自不同的理解框架。如果出现了共同的模式，如果人们具有共同的焦虑类型、共同的思考方式，那么把它们识别出来当然很好。但是搞明白人们理解世界的典型方式并不等同于诊断。例如，它没有表示疾病导致了这些问题，这些问题源自正常的心理过程。它也没有假定某些问题一定会一起发生，没有试图区分正常和不正常的思维类型。

相反，我们应该提醒自己，我们很了解人之所以为人的重要心理过程和发展过程，我们知道生活中的事件、社会环境以及生物构造如何能影响这些过程。从这个角度来看待心理健康是激进的，同时也是常识。这对我们用来理解世界、与他人互动的心理过程的科学研究提供了一种正确、有益、积极的选择。

世界卫生组织明确表示，健康不只是没有疾病。欧洲委员会（the European Commission）对此做出了精彩的评论：“对公民来说，心理健康是一种资源，使他们能发挥智力和情绪的潜能，发现并履行他们在社会、学校和工作中的职责。”对于陷入痛苦的人来说，心理疾病的概念不能给他们带来任何实际的益处；相反，建立在证据基础上的心理健康方式能提供巨大的希望，这种方式科学地理解了人性背后的重要心理过程。

因此，对于大脑与心理的关系、心理健康、所谓的心理疾病、幸福、心理健康服务和治疗，我们可以换种思路。

重新定义心理学则是认识到我们的看法、情绪和行为，包括心理健康，是我们看待世界的方式，对自己、他人、世界和未来的看法的产物。这些想法又是学习过程的产物，是学习的结果。我们的经历、生活中的大事件、社会环境以及理解它们、对它们做出反应的方式塑造了我们对世界的理解。大脑是超级高效的学习机器，对我们的经历进行理解。我们的思想、看法、行为和情绪便是由这种理解框架或心理模型负责的。人们学习经历的差异会导致不同的理解世界的方式，因此产生人与人之间的差异。

现代西方对待心理保健的工业化、医疗化方式具有局限性。它们的基础是“疾病模式”，即假定源于疾病的情绪问题能够像其他身体疾病一样被诊断和治疗。心理原则很少被采用而且常常被作为事后的思考，即使被采用，也是非常简单化的方式。我们应该超越行为学和生物学的解释，认识到人们如何积极主动地理解这个世界。

换种思路

自20世纪50年代以来，心理学家（以及了解认知心理学的神经学家）已经建立起了复杂而实用的模型，这是关于人们如何理解世界的认知模型。简单来说就是，人是天生的学习机器，具有非常复杂但接受能力很强的大脑，为理解并参与这个世界做好了准备。通过生活中的事件和事例，我们形成了有关世界的心理模型，我们用它来指导思想、情绪和行为。这些模型可以有效地解释大量的人类行为，人们理解框架的差异能够解释人与人之间的差异。如果你能搞懂人们是如何理解世界的，那么他们的行为在很大程度上是可以理解的。人们的经历和遭遇的事件能够有效地解释其世界模型，相对于精妙的神经科学来说，这些模型能够带来更现实、更根本的认知革命。

如果我们完全是生活经历和环境的产物，与此同时又是大脑生物学功能的产物，那我们如何对此进行调和？事实是大脑和经历共同塑造了我们的思想，正是我们的思想在起作用，塑造了我们。

这是一条积极的信息，因为这说明我们有改变思维方式的潜力。我有时会用一个比喻来予以说明，假设我们从一架直升机上掉下来，掉入一片沼泽中。掉入沼泽不是我们的错，只要运用适当的工具，在适当的帮助下，我们就能够摆脱泥潭。我并不是说凭借想象我们就能如愿以偿。我们不能仅靠思想的神奇力量来创造现实。然而，正是我们加工、解释或充分思考生活中的事件的方式决定了我们如何从这些事件中学习。我们的学习经历塑造了我们所采取的人生道路，因此塑造了我们的思想、情绪和行为，也塑造了我们的性格和人格。我们始终在学习，因此能够学会应对生活中的新挑战的方法。

故事的线索

决定我们思想、情绪、行为和心理健康的是我们理解世界的框架，不是大脑，不是发生在我们身上的事件，不是先天和后天。过去几年里，科学家揭示出有关大脑运作方式的一些有趣事实。人类的大脑非常复杂，具有强大的信息加工能力。然而仅从大脑运作方式的层面来解释人类行为、解释人类情感生活的复杂性是不够的。这有点像高性能的电脑，人类大脑根据规则来加工信息，这些规则是通过我们的经历和教养习得的。环境和我们经历的事件影响着我们的心理健康、幸福感和对世界的看法。

作为从业的临床心理学家，我认为事件在塑造情感生活上的作用非常重要，但它往往被忽视。如果我们相信行为是大脑生物功能的产物，那么当人们出现心理或情绪方面的问题时，我们很容易认为应该进行生物医学的解释，进行生物医学的治疗。但是，如果你花些时间和精力来了解人们的经历，那么他们的情感生活、思维模式和行为通常看起来很合理。正是通过了解我们如何处理理解世界的复杂过程，我们才能充分了解我们的社会、情感和人际生活。

我们必须了解这些非常重要的心理模型。我们并非天生就拥有这些模型（事实上，和羊羔比起来，人类刚生下来时几乎什么都不会干），而是后来习得的。我们具有惊人的吸收信息、同化信息的能力，我们设法发展出了个性化的，甚至特异性的理解世界的框架。在理解世界的方式上的变化性决定了我们如何思考、感受和行动。重要的是软件，而不是硬件。

这种思考人类行为的方式具有重要的意义。每个人都想拥有更幸福、更健康、更有益的生活。用欧洲委员会的话来说就是，如果我们想挖掘自己的智力、情绪潜能，发现并履行我们在社会、学校和工作中的职责，我们就需要知道我们是如何理解世界的。我们可能需要评估并重新思考理解的框架。幸运的是，我们完全有可能学会以不同的方式看待世界。如果能够改变思考方式，我们就能改变世界。

目　录

CONTENTS

01

我们受大脑的控制吗

THE NEW LAWS OF
PSYCHOLOGY

Why Nature and
Nurture Alone
Can't Explain
Human Behaviour

人类的大脑令人惊叹。在过去若干年里，科学家对大脑工作原理的认识有了巨大的进步。这必然有助于我们拥有更健康、更幸福、更长寿的生活。充分了解大脑的生物学功能对了解人类的本性很重要，但是虽然了解大脑如何影响我们的行为是必要的，但并不充分。我们无法仅仅借助大脑层面的剖析来解释人类行为的复杂性。就像针对其他很多复杂的问题一样，我们需要理解多个层面上的事物，包括大脑、神经元和突触。但是这样做依然不够，因为要想彻底地了解人，我们需要知道大脑是如何对环境、对我们发生的事情做出反应的，我们需要知道我们是如何理解这些经历的。

作为一名临床心理学家，我自然对临床心理学的心理保健方法最感兴趣。现代的心理保健系统显然令人失望。部分原因是因为我们太重视大脑的生物学功能，而没有足够重视人们如何使用大脑来理解这个世界。运用现代心理学理论，我们可以改变对存在心理健康问题者的护理。

已知宇宙中最复杂的物体

大脑常常被描述为已知宇宙中最复杂的物体，至少在互联网上是这样。大脑看起来貌不惊人，布满褶皱的浅粉灰色块状物，像凝固的粥一样黏稠。不过外表往往具有欺骗性。大脑令人惊叹之处不在于外表，而在于它的功能。每一个想法、每一个愿望、记忆、幻想或焦虑都源自大脑。

神经学或生物学因素对理解人类行为和心理健康问题非常重要。我从事临床心理工作已经20多年了，我和陷入痛苦的人一起努力，试图帮助他们改变生活。作为一名学者，我努力了解有关人类行为和情绪的各种科学研究，有时这些研究结果是相互矛盾的。由此我相信，如果不借助心理过程，我们无法理解大脑的功能及人类的行为。大脑了不起的地方在于我们用它来加工信息的方式。

每秒钟产生180万个新联接

大脑分为两个半球，胼胝体将它们联在一起，大脑表面布满褶皱（脑回）和裂缝（脑沟）。这些褶皱增加了大脑的表面积（意味着可以支持更多的神经元之间的联接），并且将大脑分成了不同的区域。尽管对于大脑，我们还有很多有待了解的地方，但我们已知不同脑区的活动通常代表不同的心智活动。通过研究受伤或中风对病人的影响，利用现代的成像技术，我们知道特定的脑区具有特定的功能，这是非常有价值的探索大脑功能的方法。正如心理学家肯尼思·克雷克（Kenneth Craik）所说："对于一台精心打造的机器，如果人们不知道它大部分部件是如何工作的，那么它运转得越好，我们越意识不到它……只有出问题时我们才会注意到它的机械结构。"当然，随着年龄增长，大脑的疾病会变得非常重要。

虽然大脑的功能不良和损伤有助于我们了解它的机制，但我们不应该由此得出结论，生物学的功能不良和损伤一定是社会问题的正确解释。同样地，我们不应该用生物学差异来解释心理健康问题（如抑郁症）、犯罪、反社会行为、人格特质、创业精神甚至政治观点和宗教信仰。其他因素在塑造这些行为方面也很重要，甚至更重要。

大脑的两个半球发挥着不同的作用。左脑的脑区关系到说话和语言加工，右脑对加工身体运动信息和手眼协调更重要（这适用于右利手者，左利手者的情况比较复杂）。大脑后部的枕叶与视觉相关，同样位于大脑后部，比枕叶高一点的顶叶与运动、位置、方向有关。大脑两侧、耳朵上面的位置是颞叶，与声音尤其是与话语有关的信息在这里被加工。最具有人类特点的功能，比如计划、决策和对社会关系的复杂分析，大部分由额叶和前额叶（位于额头的后面）负责。

在大脑深处有负责特定功能的结构（见图 1–1）。边缘系统涉及记忆、嗅觉、食欲、动机和奖励，因此会影响下丘脑。下丘脑负责的是“战斗或逃跑”行为。杏仁核是纹状体的一部分，它在调节情绪方面具有重要的作用，还控制着随意运动。在反馈过程中，这些结构很重要，因此对学习也很重要。纹状体受损会导致亨廷顿舞蹈病，帕金森病也与这个脑区有关。海马体与记忆的形成有关，丘脑加工来自感觉神经的信息，下丘脑（与脑下垂体有关）通过释放激素调节各种身体过程。扣带回加工我们对疼痛的感知和反应，而基底神经节关系到奖励和动机。在大脑的后部，蜷缩在枕叶下方的是小脑。小脑负责自发运动、重复运动和手眼协调。有些神经学家认为，小脑可能在“较高层的思维”中也发挥着作用，比如语言、逻辑等，但这种观点还存在争议。中脑和脑干（向下连着脊髓）控制着无意识的过程，比如呼吸、心率、血压和睡眠清醒周期。

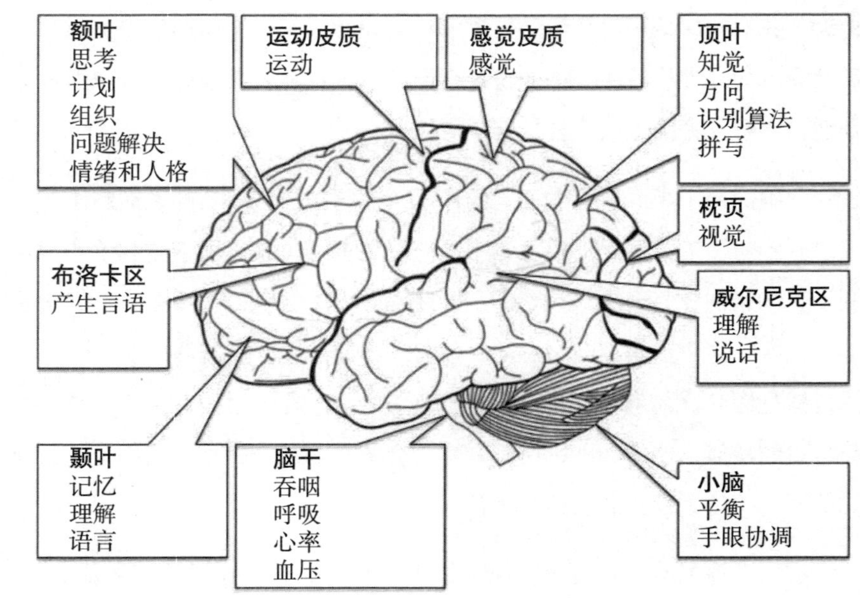

图 1–1　大脑及其主要区域

有了现代计算技术之后，我们比较容易理解为什么诸如确定方向、手眼协调甚至保持血压等都需要信息加工。大脑（相当程度上是无意识地）接收来自感官的各种信息，并利用这些信息并做出反应，比如心率加快或产生各种激素。其中一种激素被称为应激激素，也就是皮质醇。除了其他作用之外，皮质醇能够控制警觉度，系统中的皮质醇水平在一天和一生中会不断变化。凌晨时我们的皮质醇水平很低，这时我们应该在睡觉，不需要警觉。成年人在准备醒来时，皮质醇的水平会升高。而青少年皮质醇开始升高的时间会稍微晚些。这也是为什么我 15 岁的儿子在大晚上还很清醒，而到了早上应该上学的时候反而脾气暴躁。

然而大脑之所以复杂或有趣并不是因为这些事实。大脑由令人震惊的 860 亿个神经元组成。除了神经元，还有数量巨大的胶质细胞（大约是

850 亿个）。对我来说，这些数字令人印象深刻，但真正令人吃惊的是其影响和意义。神经胶质细胞似乎能够加强信号的传导，但它们本身并不传递信息。胶质细胞还为神经元提供“生命支持”。它们维持温度、氧气水平和神经元的能量水平，清理死去的神经元，提供包裹神经元的绝缘的髓鞘。神经元通过线一样的树突网络彼此联接在一起。在神经元互相联接的地方会形成突触。当一个树突遇到另一个神经元时，在我们还不了解的信号的引导下，它可以形成一个突触，把神经元联接在一起。这种联接有点像电话交换台中的联接，它们构成了大脑的复杂性。860 亿个神经元中的每一个都与成千上万其他的神经元相连。在阅读心理学或生物学教材时，你会发现神经元和它们的联接的图看起来有点像树：有树枝、有尖端互相连接的小枝。正式的神经学术语“树突”源自德语树这个词。事实上，神经元看起来更像小原棉球。联接非常多，以至于神经元看起来毛茸茸的，而不是像树枝（见图 1–2）。

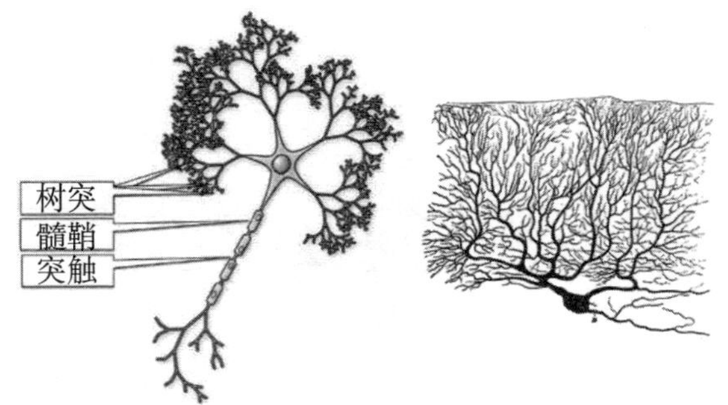

图 1–2　神经元简图（左）及人类小脑经过染色的蒲金野氏神经元（右）[①]

为了认识到数字有多么巨大，假设你坐下来数 860 亿个神经元，一秒钟数一个，那么需要花费 2666 年。每个神经元可能有 10 000 个联接，每

① 摘自《科学月刊》（*Popular Science Monthly*）卷 71，1907 年，作者未知。

个联接都会以微妙的方式影响我们的行为……甚至在胶质细胞发挥它们的影响之前。理解这种不可思议的复杂性绝非易事。

人类大脑的生长速度同样很惊人。尽管婴儿的大脑还很不完善，但已经相当复杂了，而且只用了九个月就达到了这个阶段。对猕猴进行的研究显示大约每秒钟会产生 40 000 个新突触（至少直到生命的第二个月）。在儿童发展早期，新突触产生的速度非常快。在一生中，突触不断产生，不断破裂。据估计我们每秒钟会产生 100 万到 180 万个新联接。这些联接的产生和破裂是一生中接受的刺激、体验和学习的结果。被称为“神经修剪”的过程指的是撤销不必要的突触，这是学习的一部分，我们“修剪掉”没有用的联接，使得排列更加简洁。这样留下的联接网络的复杂性降低了，但有用性更高。与神经元死亡的事实结合在一起（我们不再长出新的神经元，因此照顾好已有的很重要），这意味着三岁孩子的突触大约比成年人多 50%。大脑有一套不断改变和发展的复杂联接，它通过新的结构反映了我们的记忆、习惯和学习。毫不令人吃惊的是，每个人的大脑都不相同。

神经能量

大脑是电化学系统。信号通过带电钠离子和钾离子进出神经元的快速运动被传递到各个神经元。带电离子的运动会改变神经元的电位，当神经元细胞膜上的受体探测到神经递质和神经调节化学物质时，带电离子的运动就会被触发。神经递质的种类很多，比如谷氨酸盐、多巴胺、乙酰胆碱、去甲肾上腺素、血清素、内啡肽等。大多数化学物质的传递发生在突触中，但有些神经递质会影响更广泛脑区的功能。这个过程非常复杂，大致情况是这样的：一系列生物化学过程，目的是保持神经元细胞膜两侧带电离子显著的相对浓度差。这样，860 亿神经元中的每一个就像是荷电电容器，充满了静电。

当突触接收一侧的受体遇到特定神经递质的分子时，两个分子就会结合在一起。这会触发细胞中的一系列反应，最终使得细胞膜上的“通道”打开。这些通常关闭的“通道”一下子打开，于是带电离子便可以通过了。随着带电离子流进流出神经元，神经元中的电荷会发生改变，由此产生“去极化”。这有点像静电放电。结果就是去极化的神经元从突触的“传递”一侧释放出其他神经递质，这些突触被投射到其他神经元上。胶质细胞的活动调节着神经递质接收、去极化和神经递质释放的过程。

这对许多精神病治疗药物的作用很重要，这些药物的目的是使神经元恢复到之前的状态——清理神经递质残留，重新把它们吸收回突触（神经递质被存放在“突触泡”中），主动将带电离子运回神经元，这样可以再次形成动作电位。带电离子的转移会使用大量的能量，据估计我们摄入的热量的大约 20% 被大脑使用了。所以思考越多，体重减轻得越多。通过神经递质跨突触的传递，通过胶质细胞的中介作用，大脑中的整个网络都会发生神经元的去极化和电活动的传播，这样就形成了思想。

既然大脑是我们用来思考的器官，那么我们显然应该在大脑功能中寻找思想的基础……以及这些思想是否与心理健康、幸福或道德有关。

生物心理学

由于每个想法都涉及大脑中的活动，因此我们很容易假定人类行为可以在大脑层面得到解释。然而出于一些原因，这是一个不充分的假定。从这个角度来进行解释人类行为一定很困难。

例如，你能说一个人服用可卡因是因为药物引起了多巴胺和血清素的释放吗？或因为如果不服用可卡因，他的生活就单调乏味、没有成就感？或因为他不在乎这种行为可能带来的结果？或因为他容易受同伴压力的影响？或因为可卡因容易获得且价格不算太贵？或因为寻求超然的感觉是人类的天性？还是因为有人天生就是罪犯？同样地，我的思想当然也涉及大脑的活动。如果我向后靠坐着，闭着眼，想着希区柯克（Hitchcock）的电影《西北偏北》（*North by Northwest*）中的爱娃·玛丽·森特（Eva Marie Saint），我的大脑活动可能会发生改变。但是哪个在先，是我的想法还是我的大脑活动？哪个解释是充分恰当的？由于每个人的思想都涉及大脑中的活动，因此我们会假定有问题的人类行为，比如暴躁易怒，可以从大脑活动的角度进行解释。例如，大多数现代战争涉及人类食指的特定运动。难道我们应该从手指肌肉的层面来解释冲突吗？

这些深奥难懂的问题会对现实世界产生影响。如果那些规划和提供心理健康服务的人认为在大脑生物学功能的层面上解释人类行为、情绪和想法是恰当的，尤其是像这样解释人类的痛苦，那么我们会看到这种态度体现在所提供的服务里。有心理问题的人会被认为大脑存在生理异常，并会接受相应的治疗。这可能会导致严重的后果。

以下是几个这种思路的例子——一切都被还原为生物学。1989 年，美国精神病医生萨米尔·古泽（Samuel Guze）发表了一篇标题为《生物精神病学：还存在其他种类吗》（*Biological Psychiatry: Is There Any Other Kind*）的短文。古泽认为，既然构成精神病学主题的行为、情绪和想法都源自大脑，那么我们应该用脑科学和对大脑的生物操纵来解决这些问题。1998 年，埃里克·坎德尔（Eric Kandel）在一篇更简练、信息更全面的文章中以较和缓的态度表达了这种基要主义的观点。坎德尔在其颇有影响力的文章《精神病学的新知识框架》（*A New Intellectual Framework for Psychiatry*）中试图重新恢复精神病学的生物学基础）。他提出了一个心理健康的模型，涉及痛苦烦恼的根源以及帮助人们的最恰当方法，他的方法与我的正相反。坎德尔认为，对于大多数的心理健康问题来说，结构上的因素或生物学因素非常重要。更根本的是，他还认为生物学功能的改变是心理疾病，也是治疗的“最终的共同道路”。在埃里克·坎德尔看来，影响心理健康的所有重要因素是通过改变生物学功能来发挥影响的，其中包括治疗，即治疗通过改变大脑的生物特点来发挥作用。在我看来，影响心理健康的所有重要因素（包括生物学功能的改变）都会导致我们看待世界的方式的改变，由此会导致某些人出现问题。

坎德尔还认为，我们的想法或行为的任何改变（无论是童年期的学习，还是人生经历或治疗的影响）都反映了神经网络中的生理改变。如果我们每秒钟产生 100 万个新的突触联接，那么这当然支持了坎德尔的观点，因为我们没有其他身体机制支持学习——学习一定会以某种方式发生在某个地方。坎德尔还认为，治疗中发生的再学习是神经网络中的生物学改变。在坎德尔看来，治疗是与大脑有关的事件。

在某种程度上，这种分析显然是正确的。任何学习一定是基于大脑中分子与突触层面的生物学改变。然而，这种论断在知识方面是微不足道的。所有学习、所有人类行为都依赖于大脑功能，但仅仅是调用大脑并不能对学习做出令人满意的解释，至少不令我满意。当然，功能良好的大脑是所有人类活动所必需的，但它并不能真正解释为什么在某种情境中我做出这样的行为（而其他人的行为不同），或者在另一种情境中我做出不同的行为。

生物因素一定是各种形式的学习的基础。当我们学会了在社交情境中感到焦虑时，一定存在支持这种学习的生物过程。所以我们每秒钟产生 100 万个新突触是有道理的。学习在制造和修剪大脑中的联接。当我们学会将爱抚与舒服、安全感联系起来时，学习是大脑中的生物学现实。同样地，童年受过虐待的人可能学会了把抚摸与恐惧、无力感、自我憎恨联系起来。这种联想学习一定具有大脑生物结构方面的基础。每秒钟都有很多要学的东西意味着我们需要很多新联接，需要改变很多联接。但是用生物学因素来解释将抚摸与恐惧联系起来的学习和将抚摸与满足联系起来的学习之间的差异并不是最好的解释。学习的生物学构成，即突触联接的形成，并不能解释学习的本质，只能描述学习是如何进行的。这适用于其他所有的心理过程。心理健康问题中的心理因素并不比正常生活中的心理要素（比如竞争、爱、荣誉、内疚等）更多或更少地依赖于神经过程。所有这些都是基于大脑的事件。

有些作者，包括古泽，比坎德尔的观点更激进。他们认为，当我们了解了行为的神经基础，心理学的概念就会从精神病学词典中消失，因为我们不再需要心理学的观念了。为什么停留在神经层面？所有基于大脑的事件都涉及生物化学过程，涉及钠离子和其他离子穿过细胞膜。因此说，所有学习都涉及化学才是合理的。按照这种分析，所有人类行为应该是复杂的化学过程，治疗应该是化学事件。或者我们可以更进一步说，化学过程一定依赖于亚原子物理学。分子层面的过程和物理力量控制着生物化学反应。这难道说所有人类行为都是物理学，治疗是电磁力的一种复杂现象？

人文的心理保健方法

对心理疾病进行的生物学研究既受欢迎，又富有成果。但更重要的是，这类研究恰当地整合了心理解释和社会解释。很多从事心理健康行业的人担心那些还原论者、对待心理疾病的生物医学方法、用于对心理问题进行分类的诊断系统以及给人们的解释，担心这会导致非人化的、缺乏人性的心理保健形式。

大多数有关心理健康问题的生物医学理论和医学治疗认为，神经递质功能异常是心理问题的主要原因。所以毫不奇怪的是，医生会开出改变突触工作方式的药物（例如选择性血清素再吸收抑制剂）。心理方法同样涉及大脑，但聚焦于帮助我们学会如何应对生活的联想网络（当然是基于神经过程的）。它们依赖于学习理论、知觉理论、看法形成的理论，依赖于我们如何理解各种关系。因此与排他的生物医学理论相比，心理疾病的心理模型涉及各种不同的机制。它们不仅包含单个系统的机制，而且探究它们的互动与相互关系。

大脑与环境

就像后面将要讨论的，心理健康问题无法与环境因素、重要的社会问题和人生事件分开，这既适用于治疗精神疾病，也适用于解决其他问题。此外，遗传显然也发挥了影响作用。通过认真思考这两者的关系后会发现，它们相互作用和影响是复杂的。

对于大脑和大脑系统如何在心理健康问题中起作用的最好解释之一来

自荷兰神经学家吉姆·范·奥斯（Jim van Os）。范·奥斯的工作聚焦于精神分裂症，这是最令人痛苦的一种心理问题，是心理疾病的典型例子。他认为，心理健康问题包括精神疾病体验，比如幻觉和错觉，应该被理解为“对社会背景的适应障碍”。换言之，这意味着人们在适应艰难的社会情境方面存在问题。虽然遗传因素很重要，但环境因素同样很重要。他指出，精神疾病体验与一系列环境因素有关，比如童年受过虐待、在城市环境中长大、出身于少数族群（比如少数民族）、在贫富差距很大的环境中长大、使用大麻等。他总结道，大脑（特别是“社会脑”）在发育期间接触的这些环境威胁可能是导致精神疾病的重要原因。换句话说就是，在发展的敏感时期是否经历过某些应激事件，会决定我们的心理健康，这体现了基因与环境的互动。

这种思路对我们如何思考严重的心理问题既重要又有趣。以精神疾病体验为例，这会促成精神分裂症的诊断。大约 1% 的人在一生中会患精神分裂症，这说明造成这些问题可能是充满压力的生活事件（不幸的是这很普遍）与神经认知脆弱性（这可能更普遍）相互作用的结果。吉姆·范·奥斯认为，可能普遍存在着对各种环境问题都很敏感的神经认知脆弱性模式，特别是在脆弱的年龄，受影响者大约占总人口的 20%。这既重要又有趣，因为我们谈论的不再是数量很少的（1%）存在特定遗传异常的人，而是比较普遍的脆弱模式（总人口的 20%）。

范·奥斯和许多其他的研究者强调，与知觉（因此出现幻觉和错觉）、动机、情绪和信息加工相关的“症候群”显然存在遗传因素。众所周知，我们大多通过研究双生子来探究遗传的作用。然而有趣的是，当人们接触到风险因素，比如生活在城市环境中或属于少数群体时，证据显示遗传因素似乎变得更加重要（用技术术语说就是具有更高水平的家族聚集性）。

这显示了基因与环境之间强烈的相互作用，但同样意味着基因在不同环境中发挥着不同的作用。

在童年时期受到虐待与未来的心理健康问题存在强烈的相关性，似乎存在着明显的“剂量 – 反应”关系，即你经历得越多，日后越有可能出现心理健康问题。尽管通常各种背景的人都可能出现心理健康问题，尤其是精神疾病，但少数群体成员似乎是一个风险因素。重要的变量是周围的“种族密度”——当地和你同种族的人越多，你出现心理健康问题的风险就越低，尤其是精神疾病。吉姆·范·奥斯（与其他研究者）的结论是，社会灾祸、歧视、社会边缘化和低下的地位都有可能对大脑功能产生显著而深远的影响。

成长于城市环境中似乎增加了人们出现心理健康问题的风险。但是很难对此进行研究，因为人们到处搬家，现在他们住的地方可能已经不是当初他们出现问题时住的地方了。还有可能不同的应激源之间存在联系——生活在城市里的人更容易接触到毒品，尤其是大麻，也可能会遭遇更多消极的生活事件。城市里的生活更加艰难，社会碎片化现象更严重，会有更多的单亲家庭和更多不稳定的家庭。城市似乎造成了特定的应激源，当人们从城市搬到乡村，风险就会降低。

大麻的使用与各种心理健康问题存在广泛的关联，尤其是精神疾病。大麻主要成分之一的屈大麻酚显然会影响我们的思维和情绪，更高剂量的屈大麻酚会导致暂时的像精神病一样的现象，对遗传上具有精神病风险的人似乎影响更大，因此某人的亲属被诊断患有精神疾病，那么他对大麻的影响会更敏感。这种联系很复杂，一部分是因为人们倾向于把大麻（以及其他很多合法与非法的药物）作为解决情绪困境的实用方法，还因为精神病患更有可能使用大麻。反过来，较高剂量的大麻会使人更有可能患上精神疾病……至少对脆弱的个体来说是这样。

基因与环境之间的关系可以追溯到出生前。各种各样会影响胎儿发展的环境因素对成年后的心理健康问题同样有重要的作用。母亲的压力（会影响激素水平和许多其他生物学因素）、营养状况（包括维生素水平）、病毒感染（包括流感）、弓形体病（一种家猫携带的病毒）、细菌以及孕期、分娩时的各种并发症都是重要的因素……尽管没有什么决定性的证据。

所有这些同样既重要又有趣。某种神经认知功能模式在生活中更有可能发挥着积极作用。每五个人中有一个人表现出这种模式，它与知觉、情绪有关。例如，这种神经认知模式使人对事件的反应更富有创造力、更情绪化，能够在事件中看到对个人的意义。我们比较容易理解当具有这种模式的人遭到虐待时，为什么更容易患上精神疾病。如果一个人能够更充分地感受到事件的个人意义，产生更强烈的情绪，在事件之间建立起更全面的联系，那么不难看出虐待事件如何会引发迅速失控的思维模式。同样地，我们很容易理解为什么一些“抗精神疾病”药物会有帮助，为什么一些毒品会对脆弱的人产生消极影响。

很多毒品既受人欢迎，又具有成瘾性，因为它们能刺激相同的思维模式。据使用者说，很多受欢迎的毒品能提升他们的情感生活，增加他们的创造力，处理问题更具个性化。服用了这些药物后，他们会感到生活似乎更加充满活力、更丰富多彩、更有意义、更能感知自我的重要性。很多药物使用者提醒新人这些药效，也会警告说有可能发生“糟糕的刺激体验”，也就是这些极度显著、极度情绪化、狂躁的知觉体验可能把人淹没，让人无法招架，变成了消极的体验。另一方面，许多药物（包括毒品）会使人厌倦享乐，变得“平和”。他们不太容易受到事件的影响，稍微有些迟钝，思维不太有创造性，较少在事件之间形成不相关的联系，生活中的事件较少给他们造成困扰。这看起来非常像是影响了吉姆·范·奥斯所说的神经认知模式。

当然，我们现在谈论的不是“变态心理”，而是正常的心理过程。富有创造力、在事件之间建立联系、将看到的事物与另一个事物联系起来通常被认为是有益的。对情绪的感受性通常被认为是很有价值的人类特性（尤其是当情绪与情境相符合时）。此外，参与、投入到社会生活中也通常被认为是有益的。如果一个人缺乏创造力，不会在关系较远的观点之间建立起联系，情感冷漠，从来没有情绪的起伏，那么他一定有什么问题。另一方面，如果一个人在毫无关系的观点之间建立起毫不相关的联系，如果他们被情绪所淹没，在并不重要的偶然事件中看到了个人重要性和相关性，那么他们可能属于“脆弱性模式”。我们较少考虑“精神分裂症基因”或“遗传异常”，而更多考虑的是人类特征中的正常差异，这些差异伴随着自然的积极结果和消极结果。

环境如何影响大脑

血清素是负责在神经元之间传导电化学信号的一种神经递质。血清素涉及一系列大脑过程（大脑发挥功能的一个特点似乎是，由于心理过程比神经递质的种类多，因此每种神经递质具有不止一种作用，例如负责随意运动和知觉的神经元都会牵涉多巴胺）。我们可以确信的是，血清素与情绪、动机、社会地位有关。因此血清素代谢（神经元使用这种神经递质的方式）异常，尤其是血清素水平偏低，与抑郁症有关。之前我提到神经递质在完成跨突触的信号传递之后，会被重新吸收回神经元。很多抗抑郁剂（选择性血清素再吸收抑制剂）通过阻止血清素的再吸收，增加突触间隙中的血清素数量来发挥药效。突触间隙就是神经元之间的微小空间。当然实际情况比这复杂得多，因为服用了抗抑郁剂后，大脑还会发生其他改变，例如神经元表面受体的数量和敏感性会改变。

但重要的是，我们可以通过其他方法改变血清素水平。锻炼对抑郁症具有积极的影响，或许因为锻炼能够有效地提升血清素的水平。锻炼之后血清素的产生会持续增加若干天，这是比服用抗抑郁剂更安全，可能也是更好的提升血清素水平的方法（尤其是因为锻炼还有很多其他的益处）。饮食同样能控制血清素的水平。身体利用一种被称为色氨酸的氨基酸制造血清素（香蕉和奶酪中含有较高水平的色氨酸）。色氨酸摄入非常有限的饮食会导致情绪低落，甚至导致轻微的抑郁，因为那意味着身体产生较少的血清素。在我看来，与血清素最有趣的联系是社会地位。在对动物的研究中，处于支配地位的雄性猴子（the alpha male）具有较高的血清素水平，当处于支配地位的雄性失去崇高的社会地位时，血清素水平就会降低。最有趣的是，当非支配地位的雄性猴子被给予了色氨酸或抗抑郁剂时（两者都能提升血清素水平），它们便能取得支配地位。在随后的一个有趣但令人不安的实验中（我没有参与设计该实验），允许猴子给自己注射可卡因，结果是处于支配地位的猕猴注射可卡因的剂量要比地位低下的猴子少。可卡因可以刺激多巴胺和血清素的释放，研究者相信地位低下的猴子可能在用药物医治自己较低的社会地位。

看来，我们称之为“抑郁”的状态其实是对失败、低社会地位、被抛弃和丧失等情境的自然反应，这种状态也可能是由于对血清素产生的物理干扰所致。这是非常有道理的，因为我们假定大脑（通过涉及血清素的过程）负责加工与看待自己、看待世界、看待未来的方式有关的信息。这类似于吉姆·范·奥斯的研究成果，如果一个人长期处于失败、孤独的社会环境中，尤其是在他发展的敏感期，那么与血清素有关的神经过程可能会受到长期影响。生物学的色氨酸–血清素系统确实与抑郁有关，但其核心是心理过程。

血清素对于我们如何加工与社会地位有关的信息非常重要，并且直接关系到我们的情绪和抑郁症。情况似乎是生活事件——包括短暂的事件和持续较长时间的事件，都会影响我们的幸福水平、社会地位感和被诊断为抑郁症的可能性。在我看来这显然关系到血清素，但我不认为血清素的遗传特征是解释人们在心理健康方面的差异的好方法。神经学家尼尔·里施（Neil Risch）和同事通过探究遗传和生活事件的作用来解答这个与抑郁症有关的问题。他们发现，经历过较多生活事件的人更有可能患抑郁症，虽然可能性只是略高，但达到了统计显著性。但是相当令人奇怪的是，他们根本没有发现不同基因造成的任何差异。

大脑与思考

幻觉和错觉这类现象是精神分裂症的症状，它们显然涉及神经过程。不过这些过程不只导致了令人苦恼的现象，而且关系到我们如何理解自己的行为和周围人的行为。神经健康与心理健康之间的密切关系为这些过程的本质提供了有趣的线索。

例如，有一个引人入胜的故事出现在幻听的情况下。相当多的证据显示，精神分裂症具有遗传性，幻听与大脑偏侧性有关。正如前文提到的，大脑两个半球执行着不同的功能，左半球涉及语言功能。由于两侧大脑执行不同的功能，因此结构上稍微有些不同，这被称为“大脑偏侧性”。但是这种偏侧性不是绝对的，似乎能够听到声音的人的大脑半球较少偏侧性（也就是更加不偏不倚），尤其是负责语言的脑区较少偏侧性。语言加工任务一定会包括分辨是什么声音、它们意味着什么、声音来自哪儿。大脑的语言区域执行这些功能，因此任何影响大脑偏侧性的神经发育问题都有可能造成难以将声音与其他想法（记忆、自我对话、闪回、愿望、梦想等）区分开。

我们不应该贬低生物学因素对幻觉形成的影响，但幻听应该被视为心理学现象，源自心理过程。幻听不可避免的最后一步是对内在心理事件进行了错误的归属。你认为自己听到了什么，但其实那是你潜意识大脑的产物。这个心理过程会受生物因素的影响，但同样会受社会与环境因素、个人经历中的重要事件的影响，如我们知道曾经承受过巨大压力或受过虐待的人更有可能发生幻听。

英国男子气概的全盛期

第一次世界大战的创伤是我们文化历史的一部分。在伟大战争诗人威尔弗雷德·欧文（Wilfred Owen）的《精神病例》（*Mental Cases*）一诗中，他写道：“这些人是谁？他们为什么坐在暮色中？他们的心灵惨遭死神的劫掠……向带给他们战争与疯狂的人伸出利爪。”欧文知道他在写什么。当时他因受“炮弹休克症”困扰而从前线撤回到后方，之后在苏格兰的克瑞格洛克哈特军事医院（Craiglockhart Military Hospital）度过了 1917 年的整个夏天。许多作者，从塞巴斯蒂安·福克斯（Sebastian Faulks）以小说的形式到理查德·本托尔（Richard Bentall）以学术文章的形式都探讨了第一次世界大战对士兵的影响。“炮弹休克”对军官阶层的显著影响导致了对应该如何理解心理疾病与健康的重新思考。统治集团通常认为，军官代表了理想人类的典范，他们是从上层社会中挑选出来的，从小就接受正规的教育。但是战争的现实很残酷，很多年轻人被“炮弹休克”、战斗疲劳症或现在所说的“创伤后应激障碍”所击垮。其中很多人是下级军官，原本指望他们在前线指挥战斗。当然还有些年轻人因为怯懦而被枪毙（不可避免的是，这些受害者通常来自较低的社会阶层）。那个时候，对于心理健康问题，占主导的解释是生物学解释。不仅如此，优生学在当时也很流行。对于后来法西斯主义的兴起和大屠杀的发生，优生学在科学背景中扮演了不光彩的角色。统治集团认为军官阶层具有高尚的灵魂，把他们偶像化，而且普遍相信心理脆弱存在生物学和体质上的根源。“英国男子气概的全盛期”因为心理问题而终结，战争引发了令人无法招架的巨大压力，因此人们不再认为心理疾病源自欠佳的大脑和体质。显然存在另一个原因，压力会导致心理失衡。

常见的创伤

经历过创伤性事件的人普遍会感受到心理上的痛苦。难民和冲突的幸存者发生抑郁症的创伤后应激障碍的比例很高。大约四分之一的难民或冲突幸存者要么出现了创伤后应激障碍的症状，要么情绪抑郁。发人深省的是很多女性把分娩作为一种创伤。我们共同的文化信念认为，孩子的诞生是无与伦比的快乐、积极事件，但对很多女性来说，这个经历令人痛苦，是自己无法控制的可怕经历。有些女性心里暗暗地害怕和后悔分娩，有些女性还因为分娩造成了身体的损伤。所以，很多女性声称她们有创伤性的分娩记忆闪回也就不足为奇了。我们将在下一章中再回来探讨这个主题。

在英国，超过十分之一的女性曾遭受过强奸，但其中仅有 20% 的人向警察报案。大多数女性认识攻击她们的人，更大比率的女性（大约 50%）曾遭受过男朋友或家庭成员的家庭暴力。这些暴力行为对女性的身心健康会产生长期的重大影响。这些攻击是犯罪，侵犯了人权，它们也会给受害者造成严重的身心健康问题。

很多儿童也受到过损害。在英国大约每 10 个儿童中就有 1 个受过性虐待，大约每 4 个儿童中有 1 个受过身体虐待。许多心理学家和精神病学家发现虐待在有心理健康问题的人中很普遍。这些事件会对我们造成极其令人痛苦的影响。从某种意义上说，我们比较容易想象出虐待尤其是性虐待如何会导致抑郁症和人际关系的困境。我们常常倾向于假定其他类型的心理健康问题应该归因于生物学原因或个体先天的体质，而虐待是日后严重心理健康问题非常普遍的前兆：大约 50% 到 80% 出现精神病症状的人称他们在童年时遭受过性虐待。不幸的是，有精神病症状的人的证言通常被认为不可信，但大约 80% 童年期性虐待的报告能够得到其他人的印证。存在明显的精神病问题的人做出不真实陈述的可能性并不比其他人高。不是每个患有精神病的人都有这样的经历，但得到广泛的认可的是，童年期受到的虐待至少是造成精神病的一个原因。

保罗 • 贝宾顿（Paul Bebbington）和同事们最近总结了很多这类证据。童年遭受过性虐待的人患上精神病的可能性是其他人的 15 倍。成年后人们同样会遭遇创伤性事件，比如被欺凌、被虐待、被攻击、被抢劫、被强奸，这些事件也与严重的心理健康问题相关，其中包括精神病。这些经历会与其他因素相互作用，包括在前言中探讨的生物学因素。有证据显示，如果在童年时期受过性虐待，成年后又遭到过攻击，那么这些事件的损害性尤其严重，两种创伤的结合再加上前文提到的神经认知脆弱性对人的伤害极大。

剥夺

我们在生活中都会应对很多充满压力的事件。正常的、不可避免的人生周期对我们所有人都会产生影响，其中包括出生、童年、青春期、考试中的成败、工作、结婚、搬家、离婚、疾病和死亡。这些重大的人生事件即使是积极的事件，比如结婚和生孩子，也常常充满压力。同样重要的是，“烦恼”或者持续不断的较低水平的压力也会影响我们，比如过度劳累、糟糕的居住条件、财务困境、交通问题、人际关系问题等。贫穷会使这些压力变得更糟糕。

这些问题当然也会影响儿童。低收入家庭的儿童更有可能出现反社会行为或学业表现较差。贫穷还与忽视儿童有关，这对心理健康、学术成绩和犯罪具有可预见的影响。在贫穷的家庭和地区，儿童的意外伤害和非意外伤害更普遍。所有这些都会影响儿童发育中的大脑功能（思考我们在前言中探讨过的问题）。童年期的压力会影响“下丘脑－垂体－肾上腺轴”。这是对外界威胁做出反应的神经系统，它的反应方式包括控制应激激素（或警觉调节激素）皮质醇的释放。

所有这些因素都会影响我们的心理健康，导致公共健康研究者所说的心理健康问题的“社会决定因素”。用世界卫生组织一篇评论中的话说就是：“任何性别、年龄和背景的人都有可能患上心理疾病。没有哪个群体可以免疫，但穷人、无家可归者、失业者、教育水平低的人……风险更大。”但是，有害的不只是贫穷，公平同样很重要。在《精神层面》（*The Spirit Level*）一书中，理查德·威尔金森（Richard Wilkinson）和凯特·皮克特（Kate Pickett）列出了一些证据，证明不平等国家的人比平等国家的人的心理问题更严重。社会因素显然能够决定心理健康，但其中涉及的不只是纯粹的社会学。

我们会对影响我们的事件进行解释。我们不只是基因和大脑的产物，也不能完全用社会环境和生活事件来解释。对于外界影响，我们不是被动的海绵，因为人类具有理解世界的独特能力。

太多的用语甚至“心理健康”术语的使用都暗示着，陷入痛苦的人存在医学或生物学方面的问题。既然使用的是医学术语和做法，因此专业人员和公众便会错误地认为那些人患病了，而不会意识到这些问题代表了人类对艰难处境的反应，这类反应是很有意义的。神经学领域令人瞩目的洞见有时会被错误地使用。持续接受药物治疗的人对经历做出自然正常反应的能力会遭到破坏。人们常常会陷入痛苦，需要得到帮助，但这不应该被说成是“疾病”。如果我们把这些体验说成是“疾病”，那么这就是暗示着他们不正常。如果丧失亲人后三个月我们依然很悲伤，或者经历军事冲突让我们感到很受伤，这难道是疾病吗？

我们需要全面改变看待心理痛苦的方式。首先我们应该承认这类痛苦是正常的，是人类生活的一部分——令人痛苦的境遇会让我们感到痛苦，这是正常的反应。识别、描述痛苦并对它做出反应的系统应该使用体现这一态度的语言和方法。

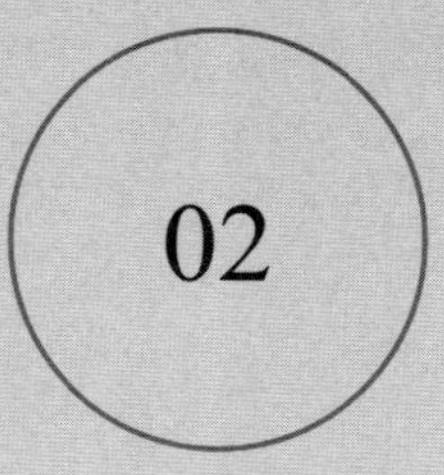

心理学的已有定律

THE NEW LAWS OF
PSYCHOLOGY

Why Nature and
Nurture Alone
Can't Explain
Human Behaviour

我们会对影响我们的事件进行解释。我们不只是基因和大脑的产物，也不能完全用社会环境和生活事件来解释。对于外界影响，我们不是被动的海绵，因为人类具有理解世界的独特能力。但是并非所有的心理学家或精神病学家都这么认为。以前他们用其他理论解释我们的行为——较少关注我们对世界的理解，而是探究大脑的生理功能或奖惩模式。我们对心理健康的理解自然会受到这些很有影响力的心理理论的影响。了解它们的优点和局限性，了解更现代的理论，有助于我们以完全不同的方式来看待心理健康、设计心理健康服务。

心理学是研究人们为什么会做出他们所做的行为的科学。在很大程度上，它研究的是人们为什么不同、为什么人与人会有不同的行为。有一个用孩子和棉花糖做的著名实验。你把一块棉花糖放在四岁孩子面前并告诉他："我要离开房间五分钟，你可以吃掉这块棉花糖，但如果我回来时棉花糖还在，那我会给你两块。"有些孩子能够克制吃棉花糖的诱惑，有些不能。四岁时他们的行为差异在很多年后依然能觉察出来。这个测试似乎在评估某种重要的品质。此外儿童应对挑战的方式似乎也很重要（"我怎么能抗拒诱惑"），有些孩子坐在那里盯着看，有些孩子设法让自己分散注意力。那么我们为什么会有差异？

现代社会的大多数领域都在积极地应用心理学研究。当探讨教养儿童、教育、雇用、刑事司法时，我们其实在谈论心理学。大约在过去的50年里，心理学家探究了心理因素和生物学因素如何影响我们的行为，引入了行为心理学的经典条件作用和操作性条件作用概念（后面我会作解释），研究了人们如何通过模仿他人的行为来进行学习。这些行为原则带来了桑代克的“效果律”，也就是如果一种行为伴随着积极的强化结果（包括去除令人不快的事物），那么它重复的可能性会变大。如果一种行为伴随着消极的惩罚性结果，那么它重复的可能性会变小。效果律显然很重要，因为它有助于影响从儿童保育、教育到刑事司法的各种政策和实践（强调积极奖励，而不是强调消极的惩罚）。

然而，我认为我们已经超越了简单的行为模型。过去25年里发生的“认知革命”显示人类天生是一台学习机器。神经学（我们人类生下来时的发育程度远不像其他动物那么完善）给予了我们无与伦比的大脑，它能以惊人的速度吸收信息（如儿童能以惊人的速度学习新词），这种学习似乎最好被理解为发展有关世界的心理模型。这些模型是复杂抽象的结构，同时依赖于操纵抽象的世界表征。这些标准非常重要，因为它们解释了我们的思考、感知和行为方式。如果你了解了这些心理模型，便能理解人们的行为、情绪和看法。

认知心理学告诉我们，尽管我们在出生时就不一样，但人与人之间的差异更多地与不同的经历和文化有关，与这些经历如何塑造了他们对世界，尤其是对社会关系重要的情感方面的不同理解有关。从本质上看，如果你了解某人经历了什么事情，你就应该知道他会如何看待世界。根据这种观点，我们所有人天生具有相同的基本神经装置，人与人之间的遗传差异或生物学差异很小（尽管人类大脑显然非常不同于其他动物的大脑）。

我们的不同经历造成了我们之间的差异，同样每个人对经历的解读也各不相同。相对于还原论的神经学角度，认知心理学的角度能更好地解释人类行为。生物学和遗传因素给予我们如此无与伦比的学习机器，将我们与其他动物区分开，但它们不足以解释人与人之间的差异。相对于用大脑的差异来解释行为、情绪和想法的差异，用经历的差异和我们对这经历的理解差异来解释似乎更好。有些作者会使用“认知革命”这种说法，指的是近年来我们对心理学和神经学的兴趣的显著提升。人们的注意力通常集中在神经学方面，尤其是我们能够对工作中的大脑进行成像了。我对心理过程的关注代表了“认知革命”略微不同的版本：我认为神经学应该服务于心理学，而不是反过来。

行为心理学

行为心理学的两个经典例子是巴甫洛夫流着口水的狗和在超市里发脾气的孩子。孩子有时会躺在超市的地上，尖叫着要糖果……虽然这可能并不普遍。我们有时会从行为学的角度来进行解释。行为心理学本质上是关于学习的心理学，尤其是关于经典条件作用和操作性条件作用。当然学习是一个复杂的问题，行为心理学家强调的是环境因素（发生在我们身上的事情）在改变行为上的作用。行为心理学家认为，我们会对来自环境中的刺激和强化物做出反应，因此发生在我们身上的事情会改变我们的行为。

行为心理学，至少在传统上强调学习可观察事件——行为（和刺激）的重要性，而不强调不可观察的思想、愿望、信念、担忧等。行为心理学曾经很有影响力，在我看来许多重要的发现可能是心理学中最“可靠正确”的发现了。我认为，强调科学、假设（而不是巧妙的观点）、实验、清晰的操作定义和对可观察行为的测量非常有价值。我还认为，许多基于行为心理学的解释似乎很有道理，对于临床心理学家和心理治疗师来说，行为学方法是强有力的工具。

经典条件作用：巴甫洛夫的狗

伊凡·巴甫洛夫是苏联时期的生理学家，他对消化的生物学过程进行了研究。巴甫洛夫想研究狗产生唾液的速度，他将一根管子插入狗的涎腺导管，然后把粉末状的肉送到狗的嘴里（见图 2–1）。巴甫洛夫注意到在食物被送到嘴里之前，狗就开始分泌唾液了。这很令人奇怪的，因为巴甫洛夫认为分泌唾液是消化过程的一部分，而消化是从食物进入嘴里开始

图 2–1 伊凡·巴甫洛夫和他的一只狗

的。然而，巴甫洛夫的狗在喂养人一进入房间就开始分泌唾液，而肉还没有进入它们嘴里。巴甫洛夫对这种现象的后续研究引出了我们今天所说的“经典条件作用”。例如，巴甫洛夫用铃声预示喂食的时间，结果发现狗开始对铃声做出分泌唾液的反应。

经典条件作用是复杂的，但它是生活的一个基本部分。通过行为心理学的机制，我们学会了避免疼痛、中毒等。经典条件作用通常包括将引发正常的自然反应的事件（在巴甫洛夫的研究中，这个事件是粉末状的肉，它能够引发唾液分泌）与一个新刺激（铃声）匹配起来。如果两个刺激（铃声和食物）同时出现，那么就会形成某种形式的联结，现在人或动物会对新刺激做出和对食物一样的反应。

表面上看，这种形式的学习非常简单——食物会让狗流唾液，食物与铃声配对，所以现在铃声会让狗分泌唾液。专业的心理学家会看出其中的复杂性。争论点在于现在人（或狗）是否像对食物一样对铃声做出反应，或者铃声是否让人（或狗）想到了食物，或者这是否是某种自动的反应。这类争论比看起来的还有趣，因为它们引发了有关我们的思想如何工作的哲学讨论。当然，心理学家研究了条件作用各种不同的、复杂的方式，包括人们如何忘记联结。

经典条件作用具有实际的临床应用。有些行为疗法依靠的是经典条件作用的原则。患有各种焦虑症的人可以从应用经典条件作用的原则中获益，例如治疗师运用“逐级暴露”来减弱已经习得的联结。

在逐级暴露中，治疗师和来访者列出客户一系列引发焦虑的情境清单，然后分层地完成这个清单。从引发焦虑最少的情境开始，治疗师鼓励保持放松，然后按照清单逐步升级，直到他们在面对之前会让他们感到极度焦虑的情境时依然能保持放松。逐级暴露非常有效。经典条件作用是作用强大的学习过程，尤其是学会恐惧和逃避。对人们如何学会和忘记联结的详细心理学研究能够提供切实的帮助。

强化

然而，经典条件作用不是解释孩子躺在超市地上发脾气的最佳方法。解释人们为什么会做出某种行为还涉及行为心理学的另一个分支——操作性条件作用。之所以被称为操作性条件作用，是因为人或动物对环境进行操作，比如老鼠操作杠杆。经典条件作用应用于反射行为或非随意行为，而操作性条件作用指的是我们对环境做出反应的方式，这是我们从行为的结果中习得的。与操作性条件作用相关的心理学家有斯金纳和桑代克。

对孩子躺在超市地上发脾气的解释是孩子通过以前的经历学会了这种反应，因为他的发脾气会得到奖励。经典的解释是，当孩子以前抱怨、发牢骚时，妈妈或爸爸会“让步”，给他巧克力棒。这显然是积极的结果，具有奖励作用。下次当他们去超市时，孩子更有可能抱怨，发点牢骚（过去他因此而得到了奖励）。爸爸当然不想在孩子每次行为不端时都给他巧克力棒，为了得到巧克力棒，孩子可能会做得更过分……一段时间后只有当孩子的行为足够令人讨厌或令人尴尬，让爸爸觉得给他巧克力棒是两种祸害中较轻的祸害时，这种行为便会发展成为彻底的发脾气。

经典的操作性条件作用或许该是对“斯金纳箱”里的老鼠进行的实验。“斯金纳箱”是以美国心理学家斯金纳的名字命名的实验箱。箱子里有一根杠杆（通常是一个小铝架），还有制造闪光的装置或蜂鸣器（见图2–2）。当灯亮起时，老鼠按压杠杆，一个食丸掉出来。当然这个系统还有很多变化，但基本要点是，只要是能使你获得奖励的事情你就愿意去学。

图 2–2 斯金纳箱里的一只老鼠

心理学家会使用略微技术性一些的说法，那就是“强化”。这指的是应用于特定行为之后，能够增加行为被重复的可能性的事物。日常生活的例子包括训练狗根据命令行事并给予奖励。如果你每次说“坐下”，只要狗坐下，你就给予小奖励，那么它很快就会明白根据命令坐下能确保得到奖励（第一次你需要把它的后腿推下去……操作性条件作用的强大效果就体现在狗会很快掌握窍门）。值得注意的是，一些训练有素的狗，比如在机场查找爆炸物和毒品的狗，获得的奖励是和训练者玩游戏，而不是食物。无论是哪种情况，给狗的好东西都是强化物，因为如果它们是在狗按命令坐下之后给予的，那么狗做出相应行为的可能性会增加。

强化在日常生活中很重要。我们每天都会表扬和奖励别人。我们因为孩子的积极行为而表扬他们，因为员工的贡献而称赞他们（本应该更频繁）。我们因为别人的行为而奖励他们，希望这能增加相同行为再次出现的可能性。心理学家认为有四种类型的强化，即正强化、负强化，还有两种类型的惩罚。

强化最显而易见的例子是奖励——正强化。老鼠获得食丸，狗获得食物或游戏，孩子得到表扬和我得到工资都是正强化的例子。我做某事导致积极的事情发生，那么我再次做它的可能性会增加。

负强化同样会增加重复行为的可能性。这可以被看成是一种逃避。负强化就是做出某种行为后，令人不快的刺激会被消除。这很有吸引力，会强化这种行为。下面是我认为的最好的例子：你在购物时扩音器里传出吵闹的、低劣的音乐。如果在你的要求下，商店经理把音乐声音调小了，耳膜不再受攻击的愉悦就是一种强化，鼓励你提出这样的要求。

除了两种类型的强化之外（都会增加行为发生的可能性），还有两种类型的惩罚（会降低行为发生的可能性）。最常见的惩罚是伴随着某种行为会发生令人不快的事情。在心理学实验中，实验者会用轻微的电击或喧闹的声音作为惩罚。在刑事司法体系中，惩罚当然普遍存在（目的是降低罪犯充分犯罪的可能性）。在日常生活中，惩罚无时无刻都在发生——我们咬下一大口苹果，结果咬到了虫子。我们对孩子吼叫；不假思索地把防晒霜抹在头上；不小心在沙子上蹭到我们已经晒伤的皮肤……这样的例子不胜枚举。此外，如果行为的结果是积极的事物被撤销，那么行为再次发生的可能性也会降低。经典例子是孩子会因为他们的不良行为而得到“不许在放学后或周末外出”的惩罚。事实上孩子没有受到任何惩罚，行为的结果是孩子失去了享受乐趣的机会。关键点都一样：无论是因为会导致糟糕的事情，还是因为会阻止好事发生，某种行为再次发生的可能性都会降低。

心理学研究清楚地显示，正强化通常比其他方式能更有效地改变行为。惩罚（主动惩罚）确实常常能有效地降低某种行为重复发生的可能性，但惩罚的效果似乎持续得比较短。惩罚还会导致愤怒等情绪状态，这往往会造成消极后果，但可能最重要的是，惩罚不会使人学会他们应该学的东西。它只有助于人们学会不该做什么，能够降低目标行为重复发生的可能性。事实上，这意味着因为微小的罪行而被罚款的人会下决心马上“改过自新”，但这种决心很快会烟消云散，这可能一部分是因为罚款并没有教给他们任何有益的生活技能。

强化对行为的改变存在一些重要的细节。特别是，我们能够改变组织行为与结果之间关系的方式。无论在实验中还是在自然情况下，特定行为之后每次都伴随着特定的结果是非常罕见的。对于惩罚来说，反应的一致性很重要，因为应用不一致的惩罚会导致糟糕的结果。对于正强化来说，每当特定行为发生时都可以给予奖励，尽管这显然很难维持。此外，一旦开始了这样的机制，如果没有了奖励，行为很快就会减少。对于“斯金纳箱”里的老鼠或现实生活中的人，奖励可以以“固定比率”提供，比如你每做三次目标行为会获得一次奖励（或每 7 次奖励 1 次、每 33 次奖励 1 次等）。这种奖励比率的变化在赌场尤为明显——老虎机被设置为平均玩三次赢一次。对赌场老板来说，主要的益处在于玩家的行为被牢牢地强化了。这种模式并不能被准确预测，但会使人产生只要坚持就会有回报的预期。这意味着人们会不断地赌，即使他们没有得到很多回报。稍微不同的强化方法是在特定行为第一次发生并过了一段时间后给予奖励。这当然意味着人们会很快学会在适当的时候做出“适当的”行为，比如在生日之前对父母示好。

我最喜欢的行为现象被称为“普力马克原则”，它是以大卫•普力马克（David Premack）的名字命名的。他提出行为本身也具有奖励作用，有些行为或活动天然比其他行为或活动更具有奖励性和强化性，例如吃巧克力比写书更具一点奖励性。普力马克原则认为，比较令人喜欢的行为可以被用作不那么令人喜爱的行为的强化物。换言之，如果你让完成一章写作成为吃巧克力的先决条件——在写完这章之前我不吃巧克力，那么吃巧克力的频率会降低，写作的可能性会提高。运用强化的这些复杂过程是行为心理学家的重要工具，它们被总结为“效果律”并归功于桑代克。效果律是心理学中少数科学定律之一，它指的是导致积极结果的行为更有可能再次发生，而导致消极结果的行为再次发生的可能性会降低。这是很简单的法则，但影响了大量人类行为。从实用的角度来说，它是训练者有力的工具。

几年前，英国播出过一则以松鼠为主角的啤酒电视广告。伴随着电影《碟中谍》（*Mission Impossible*）的主题曲，松鼠摇摇晃晃地爬上一根杆子，走过专门为它设置的钢丝，跑过一条隧道，跳过一个缺口，摇摇摆摆地走过跷跷板，跳过另一个缺口，跑过另一根钢丝和几个小猫洞，爬上一根绳子和一截塑料管，然后越过最后一个大缺口。这是一则非常棒的广告，也是操作性条件作用的一个绝佳例子。在现实中，为了获得坚果（最终目标，发挥着强化物的作用），松鼠会因为越过了更宽的缺口而得到奖励。在掌握了这种模式后，或者更具技术性的说法是，在不断对强化的预期做出反应后，松鼠会被要求先爬上一小截绳子再跳跃，然后爬上稍长一些的绳子……复杂的行为模式逐渐被建立起来。

人类行为的行为学解释很有说服力，因为我们的很多行为似乎受到了后效强化的影响。斯金纳或许是最自信、最著名的行为心理学家了。他不仅发明了“斯金纳箱”，而且通过出版小说《桃源二村》（*Walden Two*）大大拓展了操作性条件作用的原则。在小说中，他想象出了一个几乎完全基于行为学原则的乌托邦世界。他还提出语言是通过操作性条件作用得以发展的（对行为心理学家来说这完全符合逻辑）。斯金纳从本质上相信，奖励和惩罚的可能性将年幼儿童的发声塑造成了适当的语言，然而行为学的这种根本性方法受到了其他心理学家的强烈反对。

从表面上看，行为学的方法似乎很强大。即使我们把斯金纳对语言通过操作性条件作用而形成的论断放到一边，那么人类大部分行为都是这种行为学习过程的结果似乎也很说得通。如果人类行为极端的生物决定论可以被总结为“人类行为是生物化学、大脑解剖结构和大脑生物功能的结果”，那么极端的行为学观点就可以被表述为“人类行为是我们所受到的后效强化作用的结果”。

那么真是这样吗？人性以及我们情感生活的复杂性难道只不过是行为学原则的结果吗？情况可能比这更复杂。

思维的作用

1974 年，威廉·布鲁尔（William Brewer）发表了颇受好评的学术论文——《对于成年人的操作性条件作用或经典条件作用不存在令人信服的证据》（*There Is No Convincing Evidence for Operand or Classical Conditioning in Adult Humams*）。尽管在大多数人看来这篇文章的标题可能太过平常，但它惹恼了很多心理学家。布鲁尔并不是否定“效果律”，因为他知道伴随着积极结果的事件更有可能再次发生，而伴随着消极结果的事件再次发生的可能性会降低。布鲁尔的观点是需要对这些现象进行思考，不能完全依赖于行为学原则。

我在前文中有过暗示。赌场的老虎机之所以强化人们不停地赌博，因为它们被设置为按照变化的比率给予强化。这意味着如果你投入一个硬币而老虎机没有给予回报，那么你很可能会再投入一个。但是如果你用自动售卖机买可乐，投入钱之后没有可乐出来，你当然不会再投一次。要点既简单又明显，你知道老虎机和自动售卖机之间的区别。你不仅需要反复体验可变比率和固定比率的技巧，而且需要了解发生了什么。

在心理学发展非常早的时期，即行为学方法开始流行之前，一位名叫沃尔夫冈·苛勒（Wolfgang Kohler）的德国心理学家对黑猩猩进行了观察。他给黑猩猩一些玩要的物品，比如箱子、棍子和挂在够不着的地方的香蕉。毫不令人吃惊的是，黑猩猩花了些时间研究这些箱子，然后把箱子摞起来，用棍子把香蕉够下来。黑猩猩没有受过使用箱子和棍子的训练，但接受过强化。这不是想象力的重大飞跃，黑猩猩把这些物品用作工具一定涉及某种形式的心理表征，表征了这些物品可能的功能。黑猩猩一定还有对目标（香蕉）的某种心理表征，它们在思考自己所处的环境。

20 世纪 40 年代，名叫爱德华·托尔曼（Edward Tolman）的心理学家用走迷宫的老鼠做了一系列实验（老鼠迷宫是经典的心理学实验）。不过托尔曼的做法有些特别，至少他观察结果的方式不同寻常。首先，他让老鼠在没有任何强化的情况下探索迷宫。正如他的预料，老鼠凭借天性用鼻子到处闻来探索迷宫。然后，托尔曼比较了两类老鼠在迷宫中穿行最后找到食物的速度，一类是经历过探索阶段的老鼠，另一类是没有经历过探索阶段的老鼠。结果同样并不令人吃惊，不过这些发现意味着老鼠所做的事情不仅仅增加了对强化物或奖励做出特定行为反应的可能性。如果只发生了强化和反应，那么“缺乏经验的”老鼠和“探索者”老鼠应该以相同的速度学会走迷宫。“探索者”老鼠一定在头脑中形成了迷宫的某种地图。在一个相当有趣的实验中，放在小车里的老鼠被拉着在迷宫中到处转，它们根本用不到自己的腿。它们在后来的迷宫任务中表现得比较好，这说明即便如此，它们也能形成对环境的某种心理表征（既没有强化，它们也没有做任何事）。

“认知地图”的观念似乎符合常识，它与学习理论或行为心理学完全兼容。这一观念还解释了一系列被称为“社会学习理论”的心理学，它同时意味着动物和人类能够形成对环境的感知。他们以某种心理存储的形式表征环境和事件，这种理解有助于他们解决日后的问题。

尽管操作性条件作用（通过伴随行为的奖励和惩罚来塑造人们的行为）非常重要，但各种各样的人类现象似乎依赖于略微不同的学习形式。到了 20 世纪 70 年代，社会学习理论在心理学领域变得流行起来。主要代表之一的心理学家阿尔伯特・班杜拉（Albert Bandura）实施了被称为“波波玩偶”的有影响力的实验。实验采用了一些被做成跟孩子大小的充气娃娃，它们就是波波玩偶。被试是斯坦福大学幼儿园里 3 到 6 岁的孩子（可能是班杜拉的同事的儿子和女儿）。实验者把孩子们带到一个房间里，里面到处放有好玩的玩具，他们只被允许玩一小会儿这些玩具，然后就不许再玩了，这会让他们处于一种有点令人沮丧的情境中。然后孩子们被带回一开始待过的房间，那里事先放有一个充气娃娃。这个实验有一个有趣的做法。实验者让孩子们看到一个成年人（有时是男性，有时是女性）在相同的房间里，有相同的玩具。一种情况是，成年人完全忽视波波玩偶。另一种情况是成年人攻击波波玩偶——用玩具木槌击打玩偶。问题是，在没有任何形式的强化的情况下，孩子们会做什么？班杜拉和他的同事发现，看到成年人做出攻击行为的孩子更有可能出现攻击行为。这并不令人吃惊。

研究社会学习理论的心理学家提出，人们可以通过观察他人来学习行为——他们更有可能做出类似的行为。当然他们也可以对口头指导做出反应——我们可以要求（或告诉）一个人以某种方式行事。还存在“符号学习”，即人们从媒体、电影、电视、广播、互联网、书籍、报纸和杂志上进行学习。这种现象对大多数人来说并不陌生，其中涉及众所周知的“行为榜样”的概念，但它也是对过分简单化的行为学方法的威胁。这些孩子没有得到奖励，他们的行为没有得到强化。显然，其他人的行为会影响我们自己的行为，这种现象普遍存在。事实上，我们可以认为，大部分行为是以这种方式习得的。

心理地图

不同的人对相同事件的反应不同，这一点很重要，尤其是对于理解为什么当有些人不受影响的时候，而另一些人会沮丧或焦虑。对你看起来不关紧要的事，对我可能非常重要，非常令人难过。换言之，事件在情感上的重要性是个人化的，而不是客观事实。人们在一系列事件后可能会出现心理健康问题，我们认为这些事件是令人沮丧的（比如失业、婚姻破裂、失去至亲）。另一方面，有些人似乎在没有明显外部事件的情况下会变得抑郁起来，但肤浅地看待这件事是危险的。我们不知道，为什么看似无关紧要的事件对某人却非常重要。在理解生活中的经历时，我们会形成特定的、独特的理解框架，这会产生可以理解但不幸的结果。例如，如果一个人在学校里被欺负了，可能会对他人产生消极的看法。我们倾向于对事情进行快速的解读，使它符合我们之前的经历。这往往会导致我们得出错误的结论。

在最基本的层面上，人们显然不会像录像机和录音机那样记录下事件和形象。相反，我们的大脑（以及更宽泛的神经系统——一些基本的图像加工发生在视网膜的神经元中）会构建出世界的表征。从这方面来说，我们很难想出一个关于大脑运作的完美类比，它有点像卡通影片中互动性的故事板。它不是这个世界逼真的复制品，而更像是艺术化的表征。我们以独特、个性化的方式看待世界，每个人以特定的风格，从特定的角度来看世界，并服务于特定的目的。这些风格、角度和目的会随时改变。我们倾向于看到自己想看的东西，看不到自己不想看的东西。

那意味着有时我们看不到一些明显的事物，尽管它们就在那儿。或许最著名的例子就是“看不见的大猩猩”，就像克里斯托弗•查布利斯（Christopher Chabris）和丹尼尔•西蒙斯（Daniel Simons）在同名著作中描述的那样。这个例子的基本设置包括在心理学实验中被试被告知，他们在参加一个“选择性注意”的测试，实验者让他们看6个大学生玩篮球的视频。其中三个学生穿着白色上衣，另外三个学生穿着黑色上衣。实验者让他们数穿白色上衣的球员的传球次数。球员们到处移动，以复杂的舞蹈方式互相躲闪。视频结束后，实验者没有问他们传球的次数，而是问“那么你们看到大猩猩了吗”。这可能会剧透（你们在他们的网站上能看到这段视频），但我认为他们的书名已经剧透了。在球员传球并躲来闪去的时候，一个装扮成大猩猩的人走进镜头，像大猩猩那样用拳头捶击自己的胸口，然后走出镜头。这总共持续了9秒钟，与传球场景完全不协调。然而令人吃惊的是，一半被试没有看到大猩猩。正如查布利斯和西蒙斯所说：“就好像大猩猩是隐形的。”

理解世界，犯错误

世界并不是像照片一样被原原本本地投射到我们的大脑中。相反，我们不断形成对世界的心理表征，这可以发生在任何地方。我们所看到的或者我们认为自己看到的就是世界的心理表征。我们会遗漏一些事物，也会看到并不存在的事物。看不见的大猩猩的实验便说明了这一点，我们知道这种现象是比较普遍的。我们也常常看到并不存在的东西，因为大脑试图创造出最有用的大脑图景（它不一定是最准确的）。更普遍的情况是，我们常常遗漏很多，大脑会填补这些空白。

有时我们无法相信自己的感觉——幻听

幻听是比较有代表性的一种疯狂。就像我在后面会解释的，各种各样的心理健康问题都位于一个连续体上，很多人有过幻听的经历，其实并没有发生什么不幸的、有意义的事情或者会导致什么更严重的后果。显然幻听的经历非常令人沮丧。在比较无害的情况中，很多人会听到音乐片段，这一部分是真实的，一部分是想象的；还有人在用吸尘器吸尘时听到了门铃响。在比较极端的情况中，有些人会听到恶魔的声音，就像一个人站在他们面前一样真实，声音告诉他们，他们即将下地狱。对于一些不幸的人，这种声音会持续一整天，像正常的说话或像喊叫一样响亮，声音的内容可能非常令人痛苦。

幻听与“精神分裂症”的诊断密切相关。多达 75% 被诊断患有精神分裂症的人出现过幻听的情况，单单是幻听而没有其他症状就可能被诊断为精神分裂症。不过，幻听同样是一种很常见、很“正常”的现象。首先，患有抑郁症的人有时也会幻听。此外，失去亲友后常常会出现幻听，人们会听到或看到刚刚去世的亲朋挚友。创伤性经历后也常常会出现幻听，但更重要的是，大量普通人有过幻听经历，至少是偶尔有过。大约1%~30% 的人偶尔经历过短暂的、类似幻听的事件，比如听到自己的想法。需要帮助的人与其他人的区别在于，这种经历是否令人痛苦。

对幻听最好的心理学解释是误把自己内在的想法当成了外部事件。更准确地说，有令人信服的证据显示，幻听是误把内在言语当成了外部的声音。内在言语非常普遍，几乎所有涉及主动思考或运用自传式记忆的思维活动都伴随着内在言语。在忙于应对复杂的任务时，人们会运用内在言语，甚至喃喃地自言自语，尽管他们有时意识不到自己在这样做。早在 1948 年，研究者发现当人们产生幻觉时，嘴唇和舌头的肌肉会出现可测量的活动。现代高科技的方法（比如脑电图）或单光子发射体层摄影术显示，幻听之后大脑中与语言产生和理解相关的脑区会变得活跃起来。这虽然非常重要，但还不是全部。大多数人会小声地自言自语，但不会产生幻觉。认知心理学认为，很多人经常看到、听到并相信根本不存在、不真实的事情。以幻听为例，人们错误地以为自己的想法或无声的言语是外部声音，没有意识到这些声音来自他们自己。我们需要了解这种情况为什么会发生以及是如何发生的。当然认知心理学有助于我们洗清这种现象的污名。我们没有去探究心理疾病的病因，而是在探究人们为什么会出错，就像变化盲视（看不见的大猩猩）或目击者证词中的错误。

我们随时都在创建世界的模型，但对变化盲视和目击者证词等现象进行研究的心理学实验显示，我们对世界的理解常常是不完美的。我们会看到并不存在的事物，而看不到确实存在的东西；我们会听到并不存在的言语，而遗漏了确实存在的声音。幻觉是知觉系统工作方式的结果。在努力拼凑出对世界一致的理解时，我们构建出了关于正在发生的事情的心理意象。在幻听的情况中，这种意象很重要的一部分是判断听到的声音来自外部，还是自己的想法。心理学家研究过"鸡尾酒会"现象，也就是在拥挤嘈杂的房间里，我们能分辨出在房间另一头有人提到了我们的名字。因此在大脑中的某个地方有一个可以分辨出谁在说什么的系统，证据显示这个系统还可以分辨声音和想法。它的运作方式和其他心理系统相同：我们构建出有关现实的意象。人们可能会认为"思想"的神经通路应该与"我听到的声音"的神经通路完全分开，但那不是大脑的构造方式。这两项复杂的功能都是要用到负责产生言语和语言的脑区，因此很容易出错。你会以为听到了其实没听到的声音，如果你天生倾向于犯这种错误，那么它发生的可能性更大，比如你的压力非常大，或者你产生了容易被误解的侵入性、自动化且消极的想法，或者你有过创伤性经历，或者你对控制自己的想法存在担忧。

因此有时人们会听到声音是毫不奇怪的。这类理解心理过程的方法会带来有效的心理疗法，包括治疗幻觉。我们将在后面的章节中对此进行探讨。

三合一的消极认知——你的看法可能是错的

在理解心理健康问题上重要的进步之一是由一位精神病学家做出的。1979 年，费城精神病学家阿伦·贝克（Aaron T. Beck）和他的同事出版了一本书，这本书推广了一种思考、治疗抑郁症的有效方法。贝克解释说，抑郁症最好被看成是一种正常、但令人痛苦的思维模式。他提出与极度悲伤、厌倦和消极相关的心理状态源自我们理解世界的方式。就像所有的心理健康问题一样，抑郁症处于从正常到可能威胁生命的严重痛苦的连续体上。抑郁非常常见，它被称为精神病领域的“普通感冒”，四分之一的人在一生中某个时刻会出现这种心理健康问题。在温斯顿·丘吉尔（Winston Churchill）的一生中，他反复经历着抑郁症发作，他把抑郁症称为他的“黑狗”。

所有人都遇到过令人沮丧的问题，比如关系破裂、没有通过重要的考试或者在工作中犯了错。对大多数人来说，沮丧和抑郁不会持续很长时间，通常不会造成严重的消极后果。但有些人的情况则糟糕得多。严重的抑郁症（也就是达到诊断标准或需要心理健康帮助的抑郁症）具有的特点包括：持久的情绪低落或“快感缺乏”，通常能带来乐趣的事情也无法让他们开心；体重减轻或增加；出现睡眠障碍；丧失活力或无精打采；反复出现死亡或自杀的想法。

像其他心理问题一样，抑郁症同样被解释为基因的产物，是社会环境不可避免的结果，是我们受到的后效强化的结果。然而，我认为贝克的解释更令人信服。他和我都认为，抑郁症主要是思维方式的结果。

20世纪60年代，一些心理学家和精神病学家开始意识到认知心理学可以被用于研究心理健康问题。阿伦·贝克对抑郁症采取了认知心理学的分析方法，并发展、推广了这种方法，他为现今的认知行为疗法奠定了重要的知识基础。贝克的抑郁症认知模型完全基于这样的理念，那就是人们通过生活中发生的事件来理解这个世界，这会影响他们的心理健康。贝克提出，在童年早期我们形成了个人的“图式”——理解世界，尤其是理解我们的社会关系的框架。他提出，发生在我们身上的事件以及所有影响情绪发展的因素（特别是教养风格），会给予我们对生活独特的观点。贝克认为心理健康问题（比如抑郁症），应该被看成是“功能不良的认知图式”，正是这些图式导致了消极生活事件所触发的抑郁症。

在贝克的抑郁症认知模型中，自动的消极想法必然会伴随着情绪低落，而自动的消极想法是自发的，没有经过深思熟虑。患有慢性抑郁症的人会变得不由自主或习惯性。尽管自动的消极想法具有明显的主题（抑郁症患者通常担心的是失败、无价值和丧失。焦虑症患者通常担心的是风险和威胁。饮食失调症患者通常担心的是控制和食物），但它们通常很个人化、很特定，关系到某人特定的环境和经历。就像名称所暗示的，自动的消极想法具有重复性、强迫性和不自主性，很难把它“关掉”。在抑郁的人看来，这些想法似乎很合理，甚至是显而易见、无法反驳的。在抑郁症的认知模型中还有最后几个要点。这些想法会自然地引发抑郁症的情绪和行为要素，抑郁症患者没有意识到他们有这些想法。这些想法来自个人的信念系统或“图式”。人类有构建关于世界的心理模型的倾向，而自动的消极想法就是这种倾向的结果。这就像拼拼图。最重要的是，这些想法可能是错误的。我们都会犯错（想一想变化盲视和目击者证词），此外我们的很多想法会被误解。

抑郁的人会有自动的消极想法，比如“我毫无价值，一无是处”“人生毫无意义、毫无希望，我应该放弃”“没有人爱我，我是每个人的负担”“无论我做什么都是错的”“我是个不称职的家长”“抑郁沮丧是软弱的标志”。如果是患有焦虑症的人，那么他们的自动化消极想法可能是“如果我失去控制或出洋相了怎么办，如果别人觉得我很怪异怎么办”“我无法自己处理”“如果我迷路了怎么办”“如果我犯了错，发生了糟糕的事情怎么办”“如果得的是癌症怎么办”。作为新兴的认知心理学的先驱，贝克还提出这些自动的消极想法是思维过程中的扭曲和错误的结果。自动的消极想法是人正在想的东西，而想法中的扭曲是人们权衡或评判眼前的信息的方式。贝克确认了几种常见的错误，比如“全有或全无”的想法，在这种想法中事物非黑即白，非此即彼。这会导致问题，例如在以上的例子中，如果我以这种方式思考成功或失败，那么取得“B”的成绩就会导致抑郁，因为我没有拿到“A”。所有比成功差些的都是失败，那么“B”就是失败……如果所有失败都是因为我的愚蠢，那么“B”就意味着我是愚蠢的。在贝克的模型中，其他思维错误还包括过度泛化，也就是把一个例子看成是普遍模式的证据（一次失败会成为“我总是把所有事都搞砸”的证据）。容易抑郁的人会把积极的方面缩到最小，尽量放大消极的方面——经典的“半空的杯子”和“半满的杯子”的态度对比。人们贸然下结论，设想他人的想法。对事情进行灾难化，总预期会发生最糟糕的结果。这被称为“情绪性推理”，它假定你感觉糟糕（抑郁或焦虑）就证明情况真的很糟糕。

妄想狂……他们在抓你

我们所选择的解释的细微差别非常重要。我在理查德·本托尔（Richard Bentall）的监督下取得了博士学位，我的研究主题是妄想狂的妄想。我们研究为什么有人会相信别人在图谋伤害他们。这是理查德多年来的研究项目，就像其他心理问题一样，关于妄想还有很多问题有待解答。不过通常来说，相同的原则适用于妄想狂，也适用于抑郁症、焦虑症和其他问题。这条原则就是人们在构建有关世界的心理表征，将信息的碎片拼在一起，试图理解周围的事件。有时人们会出错，渐渐开始相信自己身处危险之中。我记得我的研究对象之一说，他相信曼彻斯特维多利亚火车站的某个人是间谍，因为他看到那个人“用卷起来的报纸敲击大腿，发出摩尔斯电码的信号”。我不知道为什么把幻觉看作精神病的症状，但心理学的视角与此有些不同。我们都试图理解这个世界，试图理解为什么周围人会做出那么奇怪的举动。在如今恐怖分子频繁活动的时期，我们欢迎警觉性。错误地担心存在阴谋并不算很古怪，而且这不会对个体造成重大问题。

妄想狂比较常见的问题包括判断错误。剑桥大学的丹·弗里曼（Dan Freeman）对几百年来不同文化中人们的妄想狂情况进行了探讨。丹举了很多例子，但我在这里引述一个例子就足以说明问题。1932 年到 1972 年期间，美国阿拉巴马州塔斯基吉市的研究者实施了一项秘密且非常不道德的梅毒实验。在这个可怕的实验中，贫穷的非洲裔美国人以为他们在接受美国政府的免费医疗。其实他们被确认患有梅毒（可以通过服用青霉素来治疗），但没有人告诉他们诊断结果，他们也没有得到治疗，因为美国公共卫生署想研究未得到治疗的梅毒的自然进程。换句话说就是，如果你是黑人穷人，你就有患梅毒的嫌疑。我的博士研究从略微不同的角度对此进行探究——人们如何解释消极事件。我们比较了抑郁者、妄想狂和没有明显心理健康问题者的解释。我们发现妄想狂不太会像抑郁者那样，对消极事件做出自我责备的解释。但是这并不意味着逃避自我责备总是好的。我至少发现了三种不同的解释：内在解释（责备自己“是我的错”）和两种不同的外在解释。外在解释包括外在的个人解释（责备其他人“是他的错”）和外在的环境解释（环境或情境因素被看成是问题的原因）。妄想狂与外在的个人解释关系紧密。因为你的问题而责备他人可能会导致妄想。

我们学得有多快

大多数真正对我们很重要的事情是习得的。基因决定了我们的大脑，大脑是非常强大的学习机器，而真正重要的是学习。心理疾病（比如妄想症、抑郁症、社交焦虑症等）的关键问题在很大程度上是糟糕的学习经历的结果，而不是生物学缺陷的结果。

人类大脑具有巨大的学习潜力，正是语言将人类与其他动物区分开来。儿童以惊人的速度学习说话。成年人平均的词汇量大约为 10 000 个单词，大学毕业生的平均词汇量为 17 200 个，而莎士比亚的词汇量至少为 20 000 个。虽然我们在后来的生活中学会了其中的一些词汇，但大多数词汇是日常生活所必需的，因此显然我们不得不很快学会它们。到 18 个月大时，大多数孩子拥有了大约 50 个词的词汇量，能够听懂的词汇是这个数量的两到三倍。从 18 个月到 7 岁，儿童大约每天学习五六个新词汇；从 7 岁到 11 岁，他们每天大约学习 20 个新词汇。为了长大后拥有成年人的词汇量，我们必须以这个速度学习，而且大多数人能够做到。值得注意的是，我们不仅每天学会 20 个新词汇的意思，而且学会了如何在上下文中正确地使用它们。孩子离开学校后，每天学习新词汇的速度会减慢，即便如此，人们的词汇量也会随着阅读、谈话、学习和朋友讨论事情而逐渐增加。令人难过的是，富裕家庭的孩子普遍比贫穷家庭的孩子接触到并拥有更大的词汇量。

在没有明显的教授过程中，孩子能够自然而然地学会大部分语言。非常年幼的孩子模仿他们听到的词汇（和声音），他们学会把词汇与动作、物品联系起来，学会发现模式、顺序和重复性。美国学者诺姆·乔姆斯基（Noam Chomsky）提出儿童具有“天生的语法”。他的意思是至少有一些语法规则（或语言的运作原理以及词汇如何代表事物、行动和想法）被天生设置在大脑中。乔姆斯基认为，儿童之所以很容易学会语言，是因为他们的大脑已经进化出了本能地理解词与词之间象征性关系的能力。尽管乔姆斯基是伟大的学者，但我认为他关于天生的语法的观点是错误的。

人类，尤其是儿童可能具有某种天生的模式探测、模式匹配和模式制造的能力。我们通过找到越来越精确、复杂的模式，我们学会了理解外部世界“闹哄哄的”混乱。1890年，威廉·詹姆斯（William James）在《心理学原理》（*The Principles of Psychology*）这部著作中提出了“一片闹哄哄的混乱”的说法，以此描述婴儿生来对世界的运作方式一无所知的状态。我们必须学会如何从混乱中制造模式。如果人们长期失明，后来获得或重获了视力，那么我们就会看到这种从混乱中制造模式的情况。他们的典型描述是，在无从辨别的一片混乱中逐渐出现了形状和可分辨的图形，比如面孔。我们学会了从混乱中识别模式。

奇怪的是，大量这类学习，至少是儿童的学习可能是通过减少混乱和建立联系来实现的。在第 1 章里我提到了神经突触的修剪，这就是 860 亿个神经元之间大量的联接如何随着年龄不断增加和削减的方式。据估计，年幼孩子的突触大约是成年人的 150%。随着年龄增长，经历一些事情或随着我们不断学习，这些突触被修剪并形成新的突触。修剪不必要的联接可能对把威廉·詹姆斯所说的“一片闹哄哄的混乱”变成一系列比较整齐、有逻辑的联系具有重要作用。

快速学习者

就像我们能快速学习语言一样，我们也能快速学会复杂的社会行为规则。我儿子非常喜欢骑自行车，几年前他第一次参观自行车赛车场。自行车运动是复杂而昂贵的。就像我在本章后面所解释的，我儿子和其他一些家庭成员经常在马路上骑自行车，但自行车赛车场是另外一回事，因为它是圆形木质车道，并且倾斜成42度角。另外骑车的方式也不相同，骑的自行车不同于普通自行车（没有闸，齿轮比较大），而且要把注意力集中在比赛上。自行车比赛是非常策略性的运动，因为紧跟在另一名骑手后面能够节省你40%的体力——自行车具有独特的工程设计（这就是它们为什么那么昂贵的原因），骑手的主要阻力来自风。赛车的策略非常重要，这意味着我儿子不得不学习这些规则。我站在赛道旁边，看着他出发。赛道上大约有15名自行车选手在进行练习。前面的骑手奋力向前，因为他正迎着风（因此对后面的骑手有帮助），所以很快就累了。他向右偏离，骑到赛道的斜面上，绕到其他骑手的后面。骑手们振作精神，继续加速。我儿子了解这些基本规则，但在我看来几圈之后他明显遇到了一点问题。问题是当你向右偏离，骑上斜面时，你应该后退到什么位置。自行车手的速度大约为每小时30英里，团队中不可避免地会出现间隔和聚成的团。规矩是之前的领头者应该退到大部队的最后面，还是可以插入队伍的间隔里？我和孩子的爷爷一同看他骑车，我们看出来一开始他有些犹豫，他的速度因此减慢了，后来他仔细观察接下来的骑手怎么做。当轮到他打头，然后偏离大部队，骑上斜面并退到后面时，他非常自信地退到了第一个可以插进去的间隔里。他显然不想冒犯别人，不想看起来很笨拙，不想和其他骑手的车轮卡在一起（30英里的时速撞在一起可不太妙），也不想为此减慢速度。所有这些关系到社会名誉和人身安全的复杂决策都需要在几次扫视其他骑手和几秒钟的思考中完成。这仅仅是我们如何有效地加工这些复杂的社会规则的一个小例子。

习得的，而不是给予的

这些复杂的社会规则当然不是大脑天生的产物。大脑还没有足够的时间进化出这些“本能”。世界各地以及不同历史时期各种不同的社会结构意味着，我们不可能从生物学角度来解释这些规则。

我们显然以各种不同的方式学习了解这个世界。我们的大脑是非常高效的学习机器。我们进化出了宇宙间已知的最复杂的机器，这些非常强大的器官非常适合理解社会规则和关系。通过各种有关学习的心理机制，人们学会了理解这个世界。人们观察其他人的互动和行为，然后得出推论。我们的行为会受到奖励或惩罚，由此主动地去理解世界。或许最重要的是，我们会把这些规则教给我们的孩子。通过这个途径，我们能够传递更加复杂的行为和技能。人类的这个特点，即教导孩子的倾向，体现在人类心理学的若干方面。我们被设置在社会伙伴关系中。我们是本能的学习机器。我们拥有“心智理论”，知道我们的孩子在想什么。我们从所感知到事物中提取出意义，对我们来说，我们的孩子了解世界很重要。

我们的生活既复杂又善变。为了快速做决定，积极地参与到这个世界中，我们不会用牛津和剑桥大学导师们的逻辑审查来分析每种情况。大多数人类思维似乎基于简单的经验法则，这使得我们可以采取迅速的、有时不准确的行动。也就是说，人们很少利用逻辑来做出大量重要的决定，而是依靠启发法或经验法则。这种思维方法允许我们对问题做出快速而具有实际帮助的反应，但它们并不总是非常符合逻辑。启发法是一种简单有效的法则，在面对复杂的情境或不完整的信息时，它有助于人们做决定，做判断和解决问题。它也会导致问题，为此启发法会造成情感障碍或其他心理问题。处理启发式推理的结果是很多心理治疗（比如认知行为疗法）的重要成分。

思维的基础

我们理解世界的框架，即认知图式，具有自我保持性。我们理解世界的方式建立在我们所形成的联系和联结的基础上，这意味着我们会关注、理解和记住与我们已经知道的事情相一致的信息。我们倾向于发现并留意对我们有意义的信息，那意味着我们寻找的是能够证实我们最初想法的信息。

这种倾向可以解释人类行为的一些细节，尤其可以解释我们的偏见。由此我们会明白，为什么各种文化中复杂的、有时怪异的信念体系倾向于自我保持。然而这还意味着，虽然我们受到理解框架的指引，但这个框架同时也是经历的产物。学习和教育会影响我们的理解框架，无论是策略性、有计划的教育带来的学习，还是事件造成的影响。这些理解框架，即我们对自己、对他人、对世界和对未来的看法，将会影响我们生活的方方面面。

人类能够快速、有效、精确地学习。我们能很快地了解环境，给予事物意义，建立起世界的抽象表征。这些表征可能不正确，常常会受偏见的影响，是启发式的、非逻辑的经验法则的产物。然而，我们非常善于模式匹配和意义构建。我们不只是对世界做出反应，而且还要去理解世界。

心理学是一切的核心

THE NEW LAWS OF
PSYCHOLOGY

Why Nature and
Nurture Alone
Can't Explain
Human Behaviour

心理学又可称为我们如何思考这个世界，是人类生活的核心。当生物、社会和环境因素扰乱或改变心理过程时，这些因素就会影响我们的心理健康。我们可能是基因与环境相互作用的结果，但我们不只如此，因为我们会主动理解这个世界。

如果所有心理健康问题都有一种简单精确的解释，那当然非常好。记者常常向学者提出有关天性和心理问题的成因的棘手问题，而我们经常在考试中变着花样地提出“什么会导致抑郁症”的问题。如果能得到一句话的答案，被采访者和学生都会很开心，但生活比那复杂得多。当然很多人提供的答案是“化学物质不平衡”这种解释的各种版本，它们明显地或隐蔽地指出了基因方面的根源。我们常常听人们说“那是一种病”，有时人们会说“那是一种病，就像其他的病一样”。心理问题这种简单的“疾病模式”很流行，而且很少受到质疑。

简单的答案很有吸引力：它简单划一地（可能是误导性地）提供了一个结论性的解答，它暗示了科学理解的丰富内涵。这种简单的解释意味着存在一个简单的答案，那可能是治疗“不平衡”的药丸。这些解释非常有吸引力，因为它们似乎没有指责个体或个体周围的人，不是任何人的错，而是化学物质的不平衡。它们之所以那么吸引人，是因为不需要人们付出什么努力就可以得到治疗。人们应该遵医嘱，坚持治疗方案，那么药物就会发挥作用。但不幸的是，生活比那复杂得多。

一个好学生在回答我们的考试问题时可能会提出，抑郁症（或任何其他心理问题）的成因是多方面的，生物、心理和社会因素都产生了影响。被普遍接受的观点认为，最复杂的心理健康问题源于这些因素某种形式的组合。英国国民医疗保健系统（the UK's National Health Service）在网上提供的有关抑郁症的信息与之是一致的："抑郁症的原因不是单一的，人们因为各种不同的原因而导致抑郁症。"这些因素包括充满压力的生活事件、疾病（包括冠心病、癌症和头部损伤）、人格特质、社会孤立、使用酒精和药物、分娩（对母亲有风险，对孩子没有风险）。它还提及了抑郁症家族史，"研究显示有些基因会增加压力事件后患抑郁症的风险"。生物化学或神经解剖学形式的生物因素是很多心理健康问题的重要因素。我们当然不应该低估它们的作用，但它们不是全部。与之类似，正如我们在前文中看到的，社会因素也很重要。值得注意的是，被提及的心理因素常常语焉不详，我在接下来的内容中将展开探讨。如果接受记者采访，这个因素接近我想提供的回答。它代表了欧洲委员会对心理健康问题的解释的本质。

欧洲委员会绿皮书"因素的多样性"

2005 年，欧洲委员会发表了一份重要文件，探讨了欧洲政府为了改善欧洲大陆的心理保健服务应该采取什么样的行动和政策。就像这类文件中很常见的写法，作者在讨论解决方法之前写了一个简短的导言来定义问题。他们的结论是："……对公民来说，心理健康是一种资源，使他们能实现智力和情绪的潜能，发现并履行他们在社会、学校和工作中的职责。对社会来说，公民良好的心理健康有助于促进繁荣、团结和社会公正。"文件继续写道："心理状况取决于多种多样的因素，包括生物学因素（如遗传、性别）、个人因素（如个人经历）、家庭社会因素（如社会支持）、经济环境因素（如社会地位和生活条件）。"值得注意的是，最初的文本中有一些特别强调的内容（斜体和粗体字）。这是一份官员们用来进行政策探讨的文件，它不是科学分析，因此作者没有提出"因素多样性"的观点。

生物心理社会模型

回答我们假设的考试问题的好学生可能会运用"生物心理社会模型"并会援引乔治·恩格尔（George Engel）的著作。1977 年，《科学》（*Science*）杂志发表了恩格尔的一篇文章，由此将生物心理社会模型引入心理健康领域。他认识到心理疾病和身体疾病的描述或解释将问题还原为非常简单的生物学解释，在心理疾病方面尤其是这样。抑郁症、焦虑症和妄想症常常也被简单地看成是大脑的疾病（即使没有人能确定是什么大脑疾病）。恩格尔认为，太多医生没有考虑养育、爱、希望、恐惧、人际关系、学习和创伤性事件，只是一味地从神经元、突触和神经递质的角度来思考心理健康。在恩格尔看来，典型的身体疾病——心脏病发作，当然涉及冠状动脉的问题，但恩格尔担心的是，我们忽视了身体健康问题（饮食、锻炼、医疗保健）的发展与疾病后果中的社会因素。恩格尔明确地希望他的模型能为心理障碍提供科学的解释，从而对"简化论者"的生物学观点提出挑战。因此生物心理社会模型认为，心理障碍源自身体要素（神经系统）和心理要素（人际关系、家庭、社区和更广大的社会）所组成的人类系统。这个概念很有影响力，恩格尔最初的文章被科学论文至少引用了 4689 次，这个概念在谷歌上的访问量达到了惊人的 1130 万。

恩格尔模型所固有的灵活性和接受力使它能够吸收各种各样的证据，有的支持生物学因素，有的支持社会因素，有的支持心理因素。自从这个模型发表以来，不同流派的思想将它推向了不同的方向。很多评论者欢迎生物心理社会模型承认社会因素作用的观点，因为这类评论者通常反对生物医学的主动地位。在专业人士（和专业团体）争夺责任和权力的世界里，社会视角的观点所面临的挑战是显而易见的。一些比较主流的精神病学家不可避免地会担心，社会视角会使人们偏离他们认为的现实，也就是从医学、生物学角度，以大脑为基础，对心理健康与疾病做出的解释。有着诸如《心理疾病的现实》《英国精神病学家的警钟》《生物精神病学：还有其他吗》等标题的书籍或文章认为，至少一些人相信应该优先强调生物学的部分。在实践中，对生物心理社会模型的探讨常常明确或隐含地为生物医学方式保留了主导地位。虽然社会和心理因素得到了承认，但只是生物过程直接的因果作用的调节剂。确实，这就是恩格尔最初文章的关键部分，文章中的所有论点赞同社会和心理因素是次要的，认为心理障碍存在着生物学的基础。与之类似的是，一些精神病学家倡导“临床优先”的理念，即认为既然心理健康问题主要是医学方面的，那么医学专业的作用是首要的。在这类多因素观点中始终存在着强调医学或生物学方面的压力。非常有影响力的临床心理学家约翰·里德（John Read）最近从新西兰搬到了英国，他认为生物心理社会模型应该被重新命名为“生物–生物–生物”模型，因为这种思维方式如此强势。

生物心理社会模型为辩论心理健康问题的原因提供了一个还不错的框架，但并没有提供决定性的答案。作为一种科学立场，生物心理社会模型存在若干不足：最重要的或许是它没有明确地解释三种变量之间的关系在现实中是如何发挥作用的，这三种变量分别涉及生物学因素、社会因素和心理因素。恩格尔在其1977年的论文中只是提出，对生活事件的心理反应会与“身体的”或生物的因素发生相互作用。这在一定程度上承认了心理与社会因素在心理和身体问题上的重要作用。但是他的措辞依然明显地反映出生物或疾病因素的主导性——反应是“心理生理的”，而非“心理的”，它一定要把心理因素与生理因素联系起来。用恩格尔的话说，这些反应有助于在遗传因素的前提下“改变对疾病的敏感性”。像这样的措辞会让读者认为伴随着剥夺、丧失或创伤的心理健康问题最好从改变敏感性的角度来思考，由此承认“疾病”具有遗传基础，而不是认为它们可能是对环境正常的、纯心理的反应。最后，这段陈述没有解释这些完全不同的现象是如何相互作用的。

对动物和人类的研究证明了早期和当下生活经历对心理问题的发展的重要性，研究也同样强调了生物学因素的作用。我们需要思考这些要素（生物学、心理和社会）之间有怎样的关系。生物心理社会模型不应该只是简单地说所有这三个方面都应该被提及。一个真正全面的模型应该不仅能解释神经递质异常在抑郁症中的作用，还应该能解释低自尊、消极的思维模式的作用，能够解释为什么社会地位低下的群体中心理障碍的发生率较高。最重要的是，每一类因素是如何互相影响的。这在一定程度上是个哲学问题：社会因素如何影响生物学现象，或者化学物质如何能改变你的情绪？用恩格尔的话说，自尊或消极思维的模式等心理因素如何与现有的身体因素相互作用，改变了敏感性，影响了疾病发作的时间、严重性和进程？一个人的收入或朋友的数量会如何影响神经化学物质或大脑的电活动？反之亦然，神经化学影响或遗传上的敏感性如何改变一个人对生活中消极事件的反应方式？一类哲学现象（事件、事故）如何影响另一类现象（生物过程）？想法或信念（另一类哲学现象）如何影响其他两类？我们知道这些情况每天都在发生。不仅研究文献证明了这个结论，而且日常经历也支持了它。我们的想法总会受到事件的影响。大脑一定会对环境做出反应，生物因素是心理构成中一个重要的因素。显然，这种情况随时在发生。但它是如何发挥作用的呢？它的机制是什么？

压力—脆弱性模型

心理健康领域中比较有争议的讨论之一与“精神分裂症”的性质有关。大多数研究者和临床医生认为，就像几乎所有的心理健康问题一样，能够被诊断为“精神分裂症”的问题常常源自大脑的脆弱性（先天的或后天的）和生活事件的共同作用。精神病的遗传易感性是由若干基因相互作用造成的。同样地，很多充满压力的环境因素，从使用毒品、遭遇逆境，到充满压力的人际关系，也是重要的因素。因此，许多临床医生和研究者提出了压力－脆弱性模型，这个模型最早是由约瑟夫·祖宾（Joseph Zubin）和邦尼·斯普林（Bonnie Spring）于 1977 年提出的。

英国国民保健服务系统设计了一个网站，目的是帮助存在精神病问题的人，网站对压力－脆弱性模型的评论是：“生物学过程和思维过程中的差异意味着每个人都具有独特的脆弱性水平——阈限。当应对压力的资源耗尽时，人们会被推过阈限，患上精神病。”因此压力－脆弱性模型显然处理的是不同类型事件相互作用的问题，它把一些事件描述为“脆弱点”，把另一些事件描述为“应激源”。然而这种方式依然存在问题。首先，重申约翰·里德对生物心理社会模型的看法，玛丽·波义耳（Mary Boyle）等批评者指出，对压力–脆弱性模型的通常解释暗示着精神病存在着根本性的生物学或遗传上的脆弱性。她甚至提出这个模型是一种防御形式，是为了避免精神分裂症的生物学模型受到潜在的威胁。这个模型之所以非常强有力，一部分是因为它故意含糊其辞。“脆弱点”是很难定义的一个术语，也很难与“应激源”区分开。例如服用毒品是一种脆弱点因素（它影响你的大脑或认知，使你对后续的生活事件变得更加脆弱）还是一种应激源，使用毒品是否代表了会与脆弱的大脑相互作用的应激事件？虽然遗传因素可以勉强算作脆弱点，但其他与心理疾病相关的问题很难被归类为脆弱点或应激源，通常两者都算。同样不太明确的是脆弱点和应激源以何种方式相互作用。有些研究者认为它们互相叠加——你一开始存在某种程度的脆弱性，压力逐渐增加，直到达到阈限。其他研究认为，压力其实改变了脆弱因素本身，例如社会孤立或受虐待的经历会改变大脑的功能，导致压力的消极结果螺旋上升。

压力–脆弱性模型很有吸引力。它是一种有益的“启发式工具”（一种捷径或类比），它为临床医生和普遍大众提供了一个框架，可以用来理解大量重要的因素如何结合在一起导致了问题，以及做什么会有所帮助。这个模型不应该被贬低，简单框架的益处可能是巨大的，因为它使人们可以明确地谈论各种充满压力的问题，比如创伤性事件、使用毒品和酒精、压力重重的生活状况（比如很低的社会经济地位、严重的家庭冲突）。而且它使人们可以在一个框架内谈论个体差异。研究者宣称，压力–脆弱性模型推动了对心理健康问题，尤其是对社会应激源的研究。临床医生认为，这个模型有助于心理健康专业人士、家庭成员和来访者本人基于以系统的方式解决潜在的脆弱点和应激源，开发治疗性的干预，规划护理方法。

压力－脆弱性模型显然过于简单化，艾莉森·布拉班（Alison Brabban）使用了水桶的类比——“布拉班水桶”（Brabban's Bucket）。就像水被倒进水桶里，心理健康问题代表水溢出了桶的顶部。水桶的大小和容量反映了一个人的脆弱性——桶越小，人越脆弱（因为小桶很快被装满）。压力代表被倒进桶里的水——越多的压力代表越多的水。“布拉班水桶”概念很有吸引力，但艾莉森的模型同样太过简单了。

新的解释——中介心理过程模型

2005 年，我在《哈佛精神病学评论》（*Harvard Review of Psychiatry*）上发表了一篇短文。由于某些原因，我只是进行了概述，我提出就心理因素对心理健康的作用而言，我们需要更严密、更一致的解释。我认为，生物心理社会模型暗示着生物、心理和社会因素具有同等的作用，心理过程的扰乱事实上是心理障碍共同的发展路径。随后，我提出了“中介心理过程模型”（mediating psychological processes model）。我认为，生物因素和社会因素连同个人经历，共同影响了心理过程，导致心理障碍。这个模型将我在本书前面部分探讨的若干要点汇总在一起。

几乎每个人都认同，心理健康问题的发展同时涉及多个因素。在这种情况下，科学家常常用“多元回归”的统计方法来测试每个因素（对统计学家来说就是每个“变量”）对结果的贡献程度。在心理健康方面，我们可以想象一个理论性的多元回归分析，能够通过生物、心理和社会因素预测心理健康。图 3–1 显示了这些关系的简单模型。

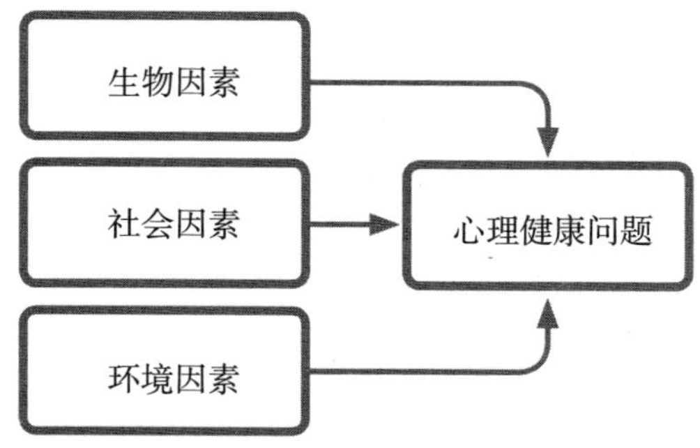

图 3–1　过于简化的生物心理社会模型的表征

这种方法很接近生物心理社会模型，用生物因素、社会因素和生活事件来预测心理健康，而忽视了心理因素。改进后的模型如图 3–2 所示。

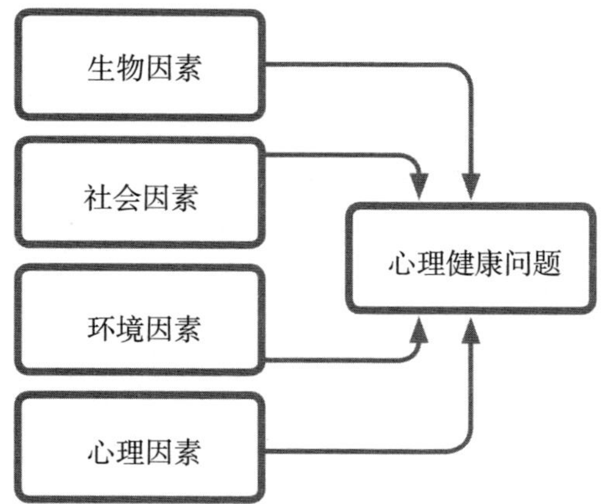

图 3–2　包含心理因素的生物心理社会模型

然而，即使这种改进后的模型也是不充分的，一部分因为它认为不同变量属于相似的类别或具有相似的性质，但事实显然不是这样。遗传或生物因素与环境因素始终处在动态关系中，通过自然选择实现的进化的核心就是动态关系，这同样适用于环境因素、生物因素和心理因素之间的关系。正如我们在前文中探讨过的，有相当多的证据显示很多心理健康问题存在遗传方面的原因，尤其是与“精神分裂症”有关的问题。精神病现象，尤其是幻觉，与所谓的大脑功能偏侧化密切相关。

人类大脑分为两个半球，它们的结构略微不同，因为它们不是彼此完全的镜像。关于“右脑任务”和“左脑任务”的讨论非常多，例如将创造力、艺术与逻辑、计算能力进行对比。其中很多讨论是想象出来的，但显然很多重要的认知活动具有偏侧性——一侧大脑的控制超过另一侧大脑。大脑功能偏侧性的性质（对于某项功能，一侧大脑比另一侧大脑参与得更多的程度）非常复杂。语言加工占了大脑功能的很大一部分，两侧大脑的很多脑区都有所涉及。例如在多数人的大脑中，语法和词汇主要是左脑的功能。另一方面，语音语调的功能似乎更多地涉及右脑。这种复杂的偏侧化是天生的，而且是健康大脑功能的一部分。一些研究者提出，有幻听问题的人更有可能存在不良的大脑功能偏侧化，尤其是负责语言的脑区较少偏侧性。因此，人们自然而然地会认为，从生物化学、神经解剖学的视角看，本质上就是遗传上的异常导致了不良的语言加工偏侧性，由此导致了与精神分裂症相关的症状。

大脑功能偏侧化和幻觉在某种程度上解释了生物问题与心理问题的关系。语言加工的一个关键任务一定是识别并定位知觉体验，显然大脑在执行这个功能。我们会问什么语言功能可能与幻觉相关，得到相对比较一致的观点是，幻听源自被错误归类的认知，通常是未说出来（有时被低声说出来）、未意识到的想法。产生幻听的个体不认为它们产生于内部，而以为来自外部。心理学家把判断体验来自哪里的过程称为“来源监控”（“这是我的想法，还是我听到的”）。人们并不拥有这种能力，也不缺乏这种能力；相反，它是一个过程，因不同的人、不同的情境而有不同的运作方式。很多因素（环境噪音、情绪压力等）会影响来源监控能力。如果与语言加工相关的脑区的偏侧化出现某些失误，那么这可能会导致幻觉，从而影响来源监控。其他生物学因素（比如毒品、药物、疾病）很可能也会产生类似的影响。

这意味着生物学问题（会影响与来源监控有关的大脑结构的生物因素）会造成无法区分听到的声音和其他形式的认知（想法和记忆），因为它们扰乱或影响了来源监控这一心理过程。幻听最后一个不可避免的途径是心理过程，回答“是我听到的还是想象出来的”这个问题。生物学因素非常重要，因为它们能影响你的辨别力。生物因素会让你很难区分真实的声音和不真实的声音，因为我们用来实施这个心理过程的装置是大脑，大脑是生物学器官。这同样适用于社会环境因素与心理健康、与幻觉的关系。来源监控同样会受噪音、压力、创伤事件等因素的影响，这些现象使得确定生物因素或环境因素（例如毒品）变得更加复杂。当压力和噪音导致幻觉时，那是因为它们影响了大脑执行相同功能的能力。创伤性事件后当人们出现幻觉时，情感因素和具有侵入性的消极的自动想法似乎结合起来，使得这些想法被误以为是听到的声音。生物因素和环境因素都会通过影响心理过程来影响心理障碍。

这类分析不仅限于幻觉。正如我们之前看到的，血清素代谢的异常与抑郁症有关。举一个例子，色氨酸是血清素在食物中的前体（身体用色氨酸制造血清素）。如果你吃的食物是专门降低色氨酸的，那么这些食物会降低血清素的水平，诱发抑郁症。显然生物因素再一次产生了心理后果。反过来，在神经机制中血清素支持着各种重要的评估过程。有趣的是，虽然血清素水平低对我们来说非常糟糕，但血清素在抑郁症中发挥的作用很复杂。首先，当人们很开心时，他们的血清素水平会升高……把精神病学通常的因果关系反过来了。更重要的是，血清素似乎关系到加工与社会地位、冲动、奖励、惩罚有关的信息。所有这些，尤其是社会地位，都是人们如何看待自己、看待世界和未来的关键——抑郁症三合一的消极认知模式。因此生物学的色氨酸 - 血清素系统确实与抑郁症有关，但“抑郁症就是血清素水平低”的说法过于简单了。如果较低的血清素水平没有影响心理过程，那么人们不会出现抑郁的症状。同样地，如果其他因素（比如消极的生活事件）产生了类似的影响——改变了人们看待自己、看待世界和未来的方式，那么情绪低落是自然而然的结果。换言之，重要的是所有这些因素对心理的影响：因此生物因素似乎通过心理过程来影响心理健康。

这同样适用于社会或环境因素。生活贫困、社会地位低下确实会导致诸如抑郁症等问题，但生活在这种贫困、地位低下的环境中同样会导致幻灭、绝望和习得性无助。习得性无助就是认为做什么也改变不了现状，你的行为毫无意义或作用。抑郁症是心理过程被扰乱的直接结果，这同样适用于特定的生活经历或境况。被父母殴打显然会引发问题，但心理学家认为心理过程的扰乱同样居间调解着原因（殴打）与结果（心理障碍）之间的联系。在性虐待、情感虐待和身体虐待的情况中，这些经历可能会影响儿童看待自己、看待生活中的其他人以及看待自己的行为和结果的方式，也会影响管理人际关系和社会交往的方式。

所有这些讨论的结论是，心理健康本质上是一种心理现象，生物、社会和环境因素通过扰乱心理过程而影响心理健康。先天和后天都很重要，心理是先天与后天的产物，但它本身便具有解释的力量。图 3–3 很好地体现了我在 2005 年提出的心理的关键作用。

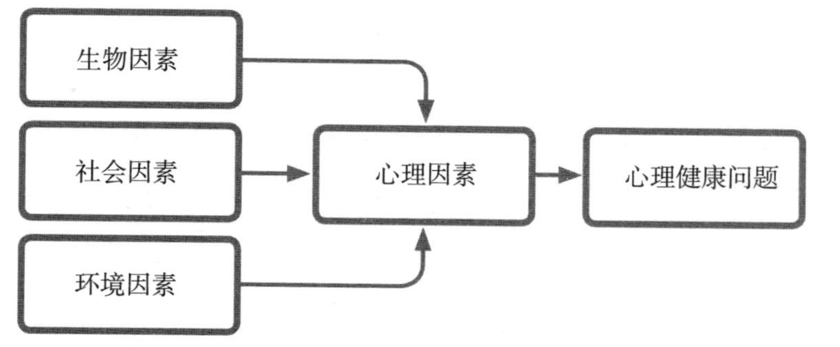

图 3–3　心理生物社会模型体现了心理因素与生物、社会、环境因素的适当关系

这是从心理学角度对生物心理社会模型进行的重新表述，我对此很有信心。在本章开始的部分，我探讨了生物心理社会模型的各种变体，解释了生物因素、社会因素和心理因素对心理健康的共同作用。我还提出，仅仅是把这些因素汇总在一起或倒入“布拉班水桶”中，或许是一种有益的类比，但它不是完整的科学解释。我相信最合理的解释方法应该是生物、社会、心理因素通过对重要心理过程的影响来影响心理健康。

这个模型特别强调了心理因素，从这个意义上看，它是一个很有主见的模型。它提出心理健康是典型的心理问题，这意味着心理因素始终关系到心理健康。另一种表述方法是心理因素是心理健康问题共同的最终发展道路。有些人可能会觉得这种说法有点傲慢自大，但无论怎样心理健康都涉及行为、思想和情感。从定义上看，心理学就是研究人类行为、思想和情感的学科。这里所探讨的心理因素是控制这些行为、思想和情感的过程。

需要强调的是，我在这个模型中所提到的“心理因素”包括各种各样基本的过程，其中很多是潜意识的，因此社会因素或生物因素对心理过程的影响常常是在不知不觉间发生的（自从西格蒙德·弗洛伊德的时代以来，我们已经承认很多对心理的影响是潜意识的）。这同样适用于社会或生物因素。因此，一个遗传了大脑语言区域偏侧化不足的人会很难监控心理事件的来源。遗传可能还关系到在事件之间建立起富有创造力且具有个人重要性的联系方式，就像我在前面就吉姆·范·奥斯的研究所探讨的。其他因素还包括巨大的压力、使用毒品（如过量摄入可卡因）。在这些情况下，人们可能会出现幻听，把内部心理过程误以为外部的声音，而且非常不可能有意识地主动改变这种想法。事实上，一部分问题在于这些过程通常不会受到有意识的关注。我们的信息加工系统不是有意识的，在日常生活中没有人会主动想“这是想法，那是某人的声音，我不认为那是一个想法”，信息加工是自动的、潜意识的。然而，来源监控以及判断是声音还是想法的过程时刻都在发生，而且糟糕的大脑功能偏侧化、压力、药物等会对这个过程产生微妙的影响。

我们很难想象，这些因素如何能在不影响心理过程的情况下引发幻听。幻听的关键在于人们自动地、无意识地得出结论，认为听到了声音，虽然其实不存在任何外界的声音。如果认为生物因素在不影响某种形式的心理过程的情况下引发了幻听，那么就相当于认为得出这个结论没有涉及任何心理过程，这是无法想象的。更有趣的是，如果不涉及心理过程，那么就相当于说大脑没有参与，这样我们很难想象其中涉及了基于大脑的生物因素。

生物因素通过影响心理过程来影响心理健康的观点与神经学研究的发展趋势是一致的。在第1章中，我探讨了吉姆·范·奥斯和他的同事对环境与遗传因素之间的相互作用的研究。他们提出这种相互作用与精神病的症状有关，它们会影响儿童形成“社交世界的表征”或“社交世界的心理表征”。形成社交世界的表征是典型的心理问题。西尔伯斯维格（Silbersweig）及其同事进行的研究同样显示抑郁症、惊恐发作和幻听显然与特定的大脑过程有关，与这些过程相关的神经问题会导致心理和精神问题。然而，这些发现同样指出了心理过程的作用——“评价与自我相关的刺激”“对威胁高度警惕”“形成有关现实的内在表征”。对这些神经学家来说，重要的是发现与心理健康问题有关的神经异常如何发挥它们的影响。他们的做法是参考与心理健康问题有关的心理过程。以焦虑症为例，研究者认为是杏仁核对微妙的或无意识的感官与内脏刺激过度敏感，换言之，就是对细微的威胁的迹象反应强烈。所有心理过程，或者至少可以接受科学研究的所有心理过程，一定存在某种神经学的基础，但心理过程依然是拼图中重要的一个部分。

与之类似，在贫困环境中长大的人、经历过创伤性事件或应激事件的人，或者存在遗传性血清素代谢异常的人会觉得自己的行为没有什么作用，认为自己一无是处，日常的事情都不值得做，因此这些过程的“心理”性质或许更加明显。我们通常会把乐观精神和期望，是否为发生了的不幸而自我谴责，以及如何保持自尊看成是“心理性的”，尽管临床心理学家的一部分作用是帮助人们更多地意识到这些联系。这有助于我们理解为什么说抑郁症的“最终的共同道路”是心理过程。我们很难想象生物或社会因素在不通过心理过程的情况下能引发心理健康问题。

人们经常会出现嗜睡倦怠或心烦意乱的情况，我们都知道这些身体状况会影响情绪。其中一个例子是贫血，女性在分娩后容易出现这种状况，因此感到非常倦怠（补铁的药物很容易治疗这种疾病）。这种现象的有趣之处在于身体问题对身体的影响（比如嗜睡倦怠）与心理结果（比如抑郁症）之间存在着某种性质的差异。当生理过程开始影响一个人如何理解世界时（例如对自己应对家庭生活的能力怎么看、对自己健康的担忧），身体问题就会造成心理结果。当生物因素让你感到抑郁时，那是因为你用来做判断的心理过程受到了影响，你对自己、对世界和未来的看法被改变了。

我们会受想法的影响

我们的想法、情绪、行为以及心理健康很大程度上取决于我们如何理解这个世界，这不仅限于有意识的认知过程。多年以来，心理学家和精神病学家探讨了在这种背景下我们会把其他类型的心理过程中的扰乱称为什么。在讨论贫穷、社会地位低下和消极生活事件对我们的乐观精神和积极性的影响时，我提到了习得性无助现象，它与抑郁症的心理解释密切相关。最近人们对为什么消极的事件会发生以及对未来的积极看法的认知部分已经被添加到习得性无助的模型中。一开始习得性无助模型完全是一种行为现象，基于老鼠和狗在面对无法逃避的惩罚时的行为，与信念或想法毫无关系。但这并没有妨碍它成为一种心理解释，因为有很多不依赖于想法、态度、信念和认知心理学的心理学领域（尽管因为显而易见的原因，这些探讨不太可能被写入大众心理学书籍）。抑郁症纯粹的行为模型盛行了很长时间，而且依然很受重视。

行为干预被广泛用于心理保健。对于患有抑郁症或情绪低落的人来说，推荐的做法通常是活动规划。这是一个非常简单的概念，治疗师或护士和来访者一起收集有关他每天在做什么的信息。不难想象的是，我们发现抑郁的人通常没做什么。这可能有点过于简单化，但如果你经历了很多消极事件，那么你需要一些积极事件来激发健康的情绪。这是一种恶性循环，抑郁的人通常不喜欢参加体育锻炼，不喜欢外出，不喜欢和朋友交往等。护士或治疗师经常会提供“活动规划”，这意味着和他们的来访者制订出未来一周他们应该做什么的计划，这样他们参与的积极活动的数量就会增加。抑郁症的行为模型以消极事件和积极事件的频率为基础，现在通常被纳入了认知元素——想法和信念，但它依然完全是心理的。

行为方法为很多形式的焦虑提供了良好的解释，行为干预对焦虑问题很有效。现在认知模型比纯粹的行为模型更普遍，但行为干预依然很受欢迎。逐级暴露对患有各种恐惧症的人通常很有帮助，在逐级暴露中，治疗师鼓励（或教给）来访者使用放松技术，这有助于他们克服程度逐渐增加的令人恐惧的情境，比如从书里的蜘蛛图片，到塑料蜘蛛，再到真的死蜘蛛，笼子里的活蜘蛛，治疗师手上的小蜘蛛，笼子里的大蜘蛛，来访者手上的小蜘蛛，治疗师手上的大蜘蛛，最后到来访者手上的大蜘蛛。治疗师通常会混合使用行为方法和认知元素，比如讨论来访者的想法和有意识的恐惧，但重点是心理过程不一定是有意识的。

精神动力和精神分析方法同样具有显赫的历史，对现代心理学和精神病学影响深远。它们拥有自己的语言，它们不说想法或信念，而说“客体关系”“内驱力”等。但是这些依然是心理过程，就像其他心理过程一样，也会被扰乱。例如，精神治疗师经常说抑郁症涉及转向内部的愤怒。很难想象可以不援引心理学来解释所谓的“人格障碍”，尽管很多精神动力学解释没有采用认知心理学的语言，但我们谈论的依然是心理过程的扰乱。

“理解世界”是一个很宽泛的概念，但显而易见的是，心理健康中最重要的问题是（用阿伦・贝克的话说就是）我们对自己、对世界、对未来三合一的认知想法。虽然所有动物都会对它们的世界进行某种理解，但人类在操纵有关世界的抽象表征和自我意识方面似乎是独一无二的。最重要、当然也是最有趣的心理学问题是这些信念和想法至少一部分是可以意识到的。我们对自己、对自己的能力、优势和不足的看法以及我们对未来的希望或担忧，抑或我们对世界，尤其是社交世界的性质的看法等，对我们的心理健康至关重要。

测试这个观点

最后，科学观点只有通过了测试才是有益的。生物因素、社会和环境因素、心理因素与心理健康之间应该存在比较直接的关系。在英国广播公司的帮助下，我和同事萨拉·泰（Sara Tai）、马提亚·弛瓦诺尔（Matthias Schwanneaur）及埃莉诺·庞汀（Eleanor Pontin）在英国广播公司 LabUK 网站上用在线心理健康实验对这些观点进行了测试。

40 000 多人参加了这个实验，实验探究了模型的每个主要因素（生物因素、环境和社会因素、心理因素、健康问题和心理健康）彼此之间的关系。我认为，应该在同行评审、科学期刊上仔细分析和探究科学实验，因此我不会在这里详细探讨这个实验。当然我非常确信统计分析能够证实我的理论。被认为对心理健康很重要的所有因素确实意义重大。然而最重要的是，解释这些因素如何相互关联的最佳方式是心理因素（我们如何应对挑战、如何解释消极事件）调节着这个过程（见图 3-3）。

学习涉及心理机制

想法塑造着我们，事件塑造着我们的想法。过去 20 年，心理学尤其是认知心理学的发展清楚地显示，我们的思想、情绪和行为（因此我们的心理健康）在很大程度上取决于我们如何理解这个世界，相应地，很大程度上取决于我们的经历和教养。生物、社会和环境因素通过对心理过程的影响而影响着我们的心理健康。

这个简单的观点是临床心理学作为一门专业的本质，也应该是心理疗法的基础。临床心理学作为一项专业得到了迅速的发展。20 世纪前它还不存在，1989 年时它的规模还很小，当时的一篇报道提出到 2000 年时英国的国民保健服务系统中应该有 4000 名左右的保健心理学家。2011 年英国大约有近 10 000 名临床心理学家，其他专业分支中另外还有 6000 名左右的心理学家（比如审批心理学、辅导心理学和健康心理学）。我认为临床心理学的发展并非偶然现象，它与本书中描述的认知科学的发展是一致的。临床心理学家对于能够将本科时所学的心理学理论应用于工作中感到很骄傲。这或许是体现了科学的发展，对人们如何理解世界以及这些理解如何导致心理健康问题更好的认识。对这些认识的应用非常成功。

如今有些治疗等同于药物治疗，这种方式损害了传统的心理疗法。在谈到“抑郁症的疗法”时，我们常常将它在概念上等同于“抗抑郁剂”，本书的观点提出了相当不同的方式。由于心理健康取决于（至少在很大程度上）人们的理解框架，以及他们对自己、对他人、对世界和未来的看法，因此帮助人们改变想法是有益的，而且应该是治疗的基础。我们不应该治疗疾病，而应该帮助人们以有效且适当的方式思考生活中重要的事情。正如我将在后面章节谈到的，这种观点不局限于某些诊断，它们不只适用于某些人。并不存在“变态物理学”这样的东西，同样地，也不存在“变态心理学”。物理学定律普遍适用，与之类似，心理学定律也是普遍适用的，既可以解释幸福，也可以解释痛苦。

心理学的新定律

心理学是一门科学。至少对我来说，那意味着心理学家提出有关心理如何运作的假设，然后开始检验这些假设。大多数科学学科都存在定律，例如热力学定律和牛顿定律，比如“任何作用都存在大小相等、方向相反的反作用”（YouTube 上一段好笑的视频就源自这种现象，视频中用猎枪射击的人没有想到后坐力）和万有引力定律。心理学的定律非常少，大多数心理学家能够记得的唯一定律可能是效果律。正如我在前面提到的，这条定律很重要，它提出如果行为之后伴随着具有强化作用的积极结果，那么行为再次发生的可能性会增加；相反，如果行为伴随着惩罚性的消极结果，那么行为再次发生的可能性会降低。效果律曾经对各种政策和实践（从儿童保育、教育到刑事司法实践）产生了影响。但是我认为，现在可以把所有观点总结为两条新的心理学定律：

定律 1：我们的想法、情感和行为（由此我们的心理健康与幸福）很大程度上取决于我们如何理解这个世界。

定律 2：我们理解世界的方式在很大程度上取决于我们的经历和教养。

04

对诊断的新思考

THE NEW LAWS OF
PSYCHOLOGY

Why Nature and
Nurture Alone
Can't Explain
Human Behaviour

几年前，埃里卡·塞特祖（Erika Setzu）和我及利物浦大学的一些同事一起对严重的心理健康问题进行了一项简单的研究。我们让曾经或当时处于巨大痛苦中的人和曾被收入精神病病房的人描述他们如何理解这种状况。

埃里卡："你知道为什么会出现问题吗？"

被访谈者："我开始听到声音，但那不是美好的声音，它们很可怕。"

埃里卡："你能听出是什么声音吗？"

被访谈者："那是一个虐待我的男人……我遇到的这个男人从事建筑行业，他说他会给我一份工作，但那完全是谎言，他在骗我。他把我带到他家里，锁上门，跟我上床……然后还有其他声音。我去了医院，护士对我非常好。"

埃里卡："到医院时，他们说你出了什么问题？"

被访谈者："精神分裂症，偏执型精神分裂症。"

埃里卡："你自己对此怎么看？"

被访谈者："你是什么意思？"

埃里卡："你认为那就是你得的病吗？"

被访谈者："哦，是的，那就是我的病。"

我不认为有人做错了什么（除了在身体、情感和性方面虐待他的人）。我认为被访谈者向医疗人员寻求帮助是正确和恰当的做法，我毫不怀疑他们会很好地照顾他。其实我认为医疗护理，甚至药物都是有益的。我们不应该否认虐待的后果（比如创伤后的记忆闪回）和幻听会令人极度痛苦，让他们自己应对是不公平的。尽管住进精神病院令人感到有压力，令人苦恼，但有时这是必要的。我并不反对使用精神类药物，只要使用得适当。当人们非常痛苦时，药物能够起到缓解作用，尤其是如果药物针对的是造成来源监控问题的神经机制，而来源监控问题导致了幻觉。但是把这个人的体验描述为"偏执型精神分裂症"遗漏了要点。在标准的诊断系统中，"偏执型精神分裂症"可能是最恰当的诊断。但是他所描述的状况是可以理解的，因此不应该被贴上这样的标签。童年时他受过身体虐待、情感虐待和性虐待，成年后使用毒品并屡遭性侵犯。他描述了在幻觉中如何出现了最后一个性侵者的声音，接下来出现的声音似乎和他创伤性的童年有关。这些解释似乎很有说服力，因此"偏执型精神分裂症"导致了这些声音的说法有些奇怪（尤其是没有人知道什么导致了偏执型精神分裂症）。

古希腊哲学家柏拉图曾提出，自然科学是"从接缝处切开自然"的艺术，他的意思是我们需要对构成自然世界的现象——鸟、动物、植物、昆虫、矿物、元素和力，进行识别和分类。

在科学的很多分支中，比如在地质学、植物学，尤其是生物学中，这意味着强调分类。对于 19 世纪处于萌芽期的精神病学，基于科学原则的医学分类确实具有潜在的益处。早期的精神病学家面临着现代精神病学家同样面临的挑战——大量非常痛苦的病人存在着复杂而多变的问题。早期最有影响力的精神病学家之一埃米尔·克雷佩林（Emil Kraepelin）在 1919 年曾尝试将复杂的心理疾病重新分为两大类——“早发失智症”（意思是在年老之前就失去了智力，后来这个词被“精神分裂症”所替代）和“躁郁症”。

今天我们继承了精神病诊断的大量传统，但仍需要解决一个基本挑战。其中一个挑战直接来自柏拉图的说法，既然自然科学依赖于“从接缝处切开自然”，那么这些接缝处在哪儿？存在这样的接缝吗？在心理健康领域中是否有可能进行这样的分类？

我认为，1865 年 7 月 22 日星期六的《泰晤士报》上的社论很好地概括了这些讨论：

划分精神正常与精神不正常的界线可以比其他任何事情更不明确。医生和律师尝试定义不可能定义的事物，这令他们自己感到恼火。这个学科还从来没有某种形式的公式能抗住普通逻辑学家 5 分钟的攻击。定义如果太狭窄，它就会变得毫无意义；如果太宽泛，那么整个人类都会被一网打尽。严格地说，当我们控制不住自己的热情、偏见、邪恶和虚荣时就是在发疯。但是如果这个世界中所有充满激情、偏见、邪恶和虚荣的人都应该被当成精神病关起来，那么谁来掌管精神病院的钥匙。

我认为这里有三个关键点。第一，我在本章中还会再讨论的一点，那就是在心理健康领域中，绝对的诊断是不可靠且无效的。就像那篇社论所提出的，我们无法可靠且有根据地确定疯狂与否——“精神正常与精神不正常的界线”。这直接引出了第二点，那就是在这个问题上似乎存在着一个连续体。当然有些人的问题很严重，而我们在讨论包含抑郁症、焦虑症、精神病等各种各样的人类痛苦。所有这些体验显然都存在着连续体：有些人轻微的焦虑；有些人被强迫行为变成了废人，他们的生活变得非常困难。大多数人是不是会有不寻常的知觉体验，但有些人被持续的精神病所折磨。每个人都会有情绪低落的时候，但有些人沮丧到了想自杀的地步。疯狂与精神正常之间的差别并不像常见频谱的两极之间的差别那么大。疯狂位于连续体的一端，另一端是理想化的愉悦状态，完全没有激情、偏见、邪恶和虚荣。然而，那篇社论的作者还表达了另一个吸引人的基本观点，那就是导致疯狂的问题是正常心理的某些方面。因此那位记者提出（正好也是我的观点），疯狂和精神正常源自激情、偏见、邪恶和虚荣。换言之，正常的心理现象会在某种程度上影响我们的思维，以至于模糊了精神正常与不正常之间的界线。我认为这个观点是正确的，这是经过对心理健康进行了 20 多年的研究，帮助过有各种各样问题的来访者，并在 21 世纪的心理健康前沿工作过之后得出的结论。我们有时所说的疯狂只是正常心理的一个方面，尽管这个观点有些令人担忧。

表面上看，我们有很好的理由对心理问题进行分类和描述。如果分类是正确和可靠的，那么我们可能会由此了解到心理障碍的原因、起源和性质。如果你能正确并可靠地找出患有某种障碍的人群，那么对他们医疗状态或人生经历的调查会揭示出特定的大脑异常、特定的生物化学不平衡、特定的人生经历或特定的思维模式，由此可以解释特定障碍的起因。既然这种通用的方法在其他医学分支中很成功，那么假定它适用于精神病学似乎很合理。

可靠而正确的分类对研究者也是有益的。这种分类使他们可以清楚地描述他们在研究什么。可复制性在科学领域中非常重要：通过阅读科学家的研究文献，任何人都应该能了解他们做了什么并能复制他们的实验。良好的诊断分类系统能够提供共同的语言，使得心理健康研究者能够恰当地定义他们的研究主题。有了这样的共同语言，研究者便可以沟通他们的发现了。

对于精神病医生来说，明确地定义他们要医治的疾病尤其重要。如果有可能做出正确而可靠的诊断，就会有相应的适当治疗。如果诊断是正确的，那么治疗就应该是有效的。另外，很多人显然希望医生能提供一个诊断。有点奇怪的是，医学诊断似乎能让病人安心，尽管诊断只不过用拉丁文简短地重复了他们向医生诉说的问题。人们可能会向医生抱怨他们在掉头发，医生说他们患有“秃头症”。医生可能还会告诉他们，脱发与压力有关，但不会充分探讨在这种情况下“压力”是什么意思。人们告诉医生他们在掉头发，医生把这翻译成“秃头症”，这会让病人感到踏实。这些诊断通常是希腊语或拉丁语的，它们是传统的语言，象征着古老、充满智慧的权威和神职人员，具有重要的象征意义。

病人关心的当然不只是诊断。医生的语调和非语言的行为显示了医生是否在倾听以及他们对问题的理解程度。技术性的晦涩语言暗示着这位医生是领域内的专家，能够传递出信心。当然所有这些推测可能是错的，但你应该记住命名某事物是很重要的心理事件。给你的痛苦命名会起到作用。尽管存在这些潜在的益处，但对数据冷静公平的审视会告诉我们，很难对心理问题做出可靠且正确的诊断。

心理障碍的分类

诊断分类——疾病模式

心理问题的分类与身体疾病的医学诊断联系紧密，精神病学的医学亚专业非常具有影响力，以至于心理疾病的分类与诊断方式在传统上类似于身体疾病的诊断方式。疾病的症状以及“症状”的组合会被认为存在某种心理疾病的证据。这种心理疾病会被认为是导致症状的原因。对于心理健康问题，国际上存在世界卫生组织对疾病、伤害和死亡原因的国际标准分类（ICD），以及依据美国精神病协会编制的《诊断与统计手册》（*Diagnostic and Statistical Manual,DSM*）两种主要的分类系统。

1948 年成立的世界卫生组织最初的行动之一就是发表了综合的世界疾病清单。疾病、伤害与死亡原因的国际标准分类自然包括心理和精神疾病（有效地确保这类问题被认为是医学的责任），而且很自然地对它们进行了分类。多年来这份文件被修订了很多次，现在我们使用的是 ICD-10，也就是第 10 次最新修订版。严格意义上说，第 10 版至少是国际标准的分类系统，被推荐用于管理和流行病学，它构成了英国国民保健服务系统统计过程的基础。

第二次世界大战后不久，美国精神病协会出版了《诊断与统计手册》，这种分类系统的基础是美国军队在第二次世界大战中所使用的实施清单。从那之后 ICD 和 DSM 平行发展，两个系统存在相当大的重叠。就像 ICD 一样，DSM 系统经过了多次修订和重新编辑，目前的版本是第五版——DSM-5。DSM 在美国得到了广泛的使用，因为它被推荐用于研究分类、流行病学和统计，还因为大多数研究者想在美国，用英语发表他们的成果。它也成为了研究者的标准实践，甚至欧洲也在使用 DSM-Ⅳ的标准。对这些诊断方法的争议很多，DSM-5 是否能占主导还需拭目以待。

抑郁症的两种定义

通过抑郁症的诊断标准，我们可以很好地认识到 ICD-10 与 DSM-5 之间的重叠和差异。ICD-10 的指导准则首先提供了一份“典型症状”清单，比如沮丧、丧失兴趣和乐趣、活力减少，以及一系列其他常见的症状，包括注意力降低、自尊和自信降低、内疚和无价值感、对未来很悲观、不抱希望、自我伤害或自杀的想法和行为、睡眠障碍、没食欲。ICD-10 另外还提供了诊断轻度、中度和重度抑郁发作的标准。对于重度抑郁发作，必须出现所有的三种典型症状，还至少要出现四种其他症状，其中有些症状应该达到很严重的程度。抑郁发作通常至少持续两周，但如果症状特别严重，发病非常快，持续不到两周也可以做出这样的诊断。如果一个人向保健专业人士诉说了这些问题，那么被诊断为“重度抑郁发作”会被认为是恰当的（你不一定要是医生才能做出这样的诊断）。下文列出了 ICD-10 诊断抑郁发作的标准。

ICD-10 的抑郁发作

轻度、中度和重度抑郁发作的诊断标准各不相同。

重度抑郁发作必须同时出现三条典型的症状（见下文），还至少出现了四条其他症状，其中有些症状达到了很严重的程度。轻度抑郁发作至少出现了两条典型症状，但都没有达到严重的程度。中度抑郁发作必须出现其中两条重要症状，并且达到了显著的程度。抑郁发作通常至少应该持续两周，但如果症状特别严重并且发病非常快，持续不到两周也可以做出这样的诊断。

典型症状

在典型的抑郁发作中，个体通常会：

1. 沮丧；

2. 丧失兴趣和乐趣；

3. 活力降低。

常见的附加症状：

（1）注意力下降；

（2）自尊和自信降低；

（3）有内疚感和无价值感（即使轻度抑郁发作也会出现这种症状）；

（4）对未来很悲观，不抱希望；

（5）有自我伤害或自杀的想法或行为；

（6）有睡眠障碍；

（7）食欲减退。

DSM-5 的诊断准则更复杂、更详细、更规范。DSM-5 规定，诊断严重抑郁发作需要存在以下 9 个主要症状：

1. 大多数时候，几乎每天都很沮丧；

2. 大多数时候，几乎每天对所有或几乎所有活动的兴趣或从中获得的快乐显著减少；

3. 没有节食，但体重明显减轻，或者体重增加（例如一个月的变化达到体重的 5%），或者几乎每天都食欲减退或食欲增加；

4. 几乎每天都失眠或嗜睡；

5. 几乎每天都精神运动性激动（坐立不安，比如来来回回地走）或迟缓（感觉动作变慢，行动迟缓）；

6. 几乎每天都感到很疲惫或没有精力；

7. 几乎每天都没有价值感，或者有过分的或不适当的内疚感；

8. 几乎每天思考或集中注意力的能力都降低了，或者犹豫不决；

9. 反复想到死亡（不是对死亡的恐惧），经常有自杀的想法，或者尝试或计划自杀。

诊断重度抑郁发作的条件是，在两周内出现了以上五种或五种以上的症状，而且跟以前相比，必须出现了功能的改变。沮丧和丧失兴趣或快乐这两种症状至少出现一种。此外，DSM-5 中还有几条额外的标准：症状不应该符合其他障碍的标准（哪个能提供更恰当的诊断）；不应该由某种物质引起，比如药物或毒品；症状也不应该是由身体疾病造成的。非常重要的是，被识别出来的问题必须引起了临床上的严重痛苦或损害了社会、职业或其他重要方面的功能。

对两种定义的细致检视能够揭示出很多信息。显然它们都指向相同的大方向，但符合 ICD-10 抑郁症诊断标准的人有可能不符合 DSM-5 的诊断标准。这说明 DSM-5 的诊断标准更严格一点。例如，一个人来找他的家庭医生，非常坦诚地说他最近三周以来一直感到情绪低落，对什么都没有兴趣，也感觉不到快乐，精力体力下降。这样他就符合了 ICD-10 的抑郁发作的诊断标准。但是如果他告诉医生他体重没有减轻，睡眠良好，没有感到烦躁不安，没有感到特别没有价值或内疚，集中注意力的情况或多或少地类似于平时，没有自杀的念头，那么他就不符合 DSM-5 对重度抑郁发作的诊断标准。

ICD 与 DSM 诊断上的差异让精神病权威们感到有些尴尬。事实上，修订 DSM- Ⅳ的主要原因之一是为了更容易在两个系统之间进行交叉参考。这是令人尴尬的，因为如果存在客观的抑郁症，那么用社会因素来决定它的存在看起来有些怪异，无论你遵从美国的传统还是欧洲的传统。这两个不同的诊断系统以及将 ICD 转化为 DSM 的机制依然让我感到困惑。在我看来，如果这两个系统可以这样相互转化的话，那么就没有必要有两个系统。是不是商业和专业上的压力有可能促使心理健康专业人士创造并更新了这两个诊断系统？

从 DSM- Ⅳ到 DSM-5 有很多改变。一个特别容易引发争议的改变是去掉了一个排除标准。《柳叶刀》（*Lancet*）上的一篇社论专门探讨了这个问题。在第四版中，如果丧亲丧友能够很好地解释出现的症状，那么就不应该做出重度抑郁发作的诊断。这条要求在第五版中被去掉了。

很多评论者认为这是令人担忧的，因为 DSM-5 这类手册的目的是诊断心理疾病。令人担忧的问题是，一个人为失去所爱的人感到非常悲痛就会被诊断为重度抑郁症。这个问题很复杂，原因在于，首先 ICD-10 上没有这样的排除，因此这使得两个手册更接近了。但是由于 DSM- Ⅳ把丧亲丧友作为了一个排除标准，那么一个最近失去所爱的人并感到情绪低落，出现睡眠障碍的人被诊断为重度抑郁发作就是不恰当的。这很重要，因为制药公司对“治疗”丧亲丧友很感兴趣。一种帮助人们戒烟和治疗经前期综合征的药物安非他酮（Wellbutrin）最近被试验治疗丧亲造成的情绪低落。从诊断能够不知不觉地陷入药物治疗，这很令人不安。

这种情况一再出现在两种分类系统的很多诊断中。例如 DSM-5 和 ICD-10 对精神分裂症的诊断标准也不相同。这些差异相对较小，比如 ICD-10 中提到的“思想化声、思维插入、思维被夺及思维广播”在 DSM-5 中没有对应的标准，再比如“持久的妄想”和“妄想”这两种说法的差别。然而这些差别很重要，因为它们决定了是否需要治疗，决定了病人会被认为患有心理疾病还是心智健全。ICD-10 诊断精神分裂症的标准如下所列。

ICD-10 上的精神分裂症

如果个体明显地存在至少从（1）至（4）的症状之一（如果不太明确，通常需要存在两个或更多的症状），或者存在（5）至（9）中至少两个症状，那么就可以被诊断为精神分裂症。另外，在至少 1 个月以上的大部分时间内要明显地存在这些症状。

（1）思想化声、思维插入、思维被夺及思维广播。

（2）明确涉及躯体或四肢运动，或特殊思维、行动或感觉的被影响、被控制或被动妄想、妄想性知觉。

（3）对患者的行为进行跟踪性评论，或彼此对患者加以讨论的幻听，或来源于身体某一部分的其他类型的幻听。

（4）与文化不相称且根本不可能的其他类型的持续性妄想，如具有某种宗教或政治身份，或超人的力量和能力。

（5）伴有转瞬即逝或未充分形成的无明显情感内容的妄想，或伴有持久的超价观念，或连续数周或数月每日均出现的任何感官的幻觉。

（6）思潮断裂或无关的插入语，导致言语不连贯，或不中肯或语词新作。

（7）紧张性行为，如兴奋、摆姿势，或蜡样屈曲、违拗、缄默及木僵。

（8）阴性症状，如显著情感淡漠、言语贫乏、情感迟钝或不协调，常导致社会退缩及社会功能下降，但需澄清这些症状并非由抑郁症或神经阻滞剂治疗所致。

（9）个人行为的某些方面发生显著而持久的总体性质的改变，表现为丧失兴趣、缺乏目的、懒散、自我专注及社会退缩。

诊断的可靠性

从科学的角度看，如果心理疾病的分类和诊断既可靠又正确，那么它们就是恰当的。在这种背景中，可靠意味着两个人在使用什么诊断上会达成一致意见，或者如果重复诊断过程，会得到相同的结论。导致人们做出不可靠诊断的原因主要有以下三个：精神病医生（或做出诊断的人）的做法不同；每次临床检查不尽相同；接受评估的人发生了改变

（他们可能会提到不同的事情，采取不同的行为，或者他们的问题会随着时间而改变）。重要的是，对于正式的诊断系统来说，如果组合症状的规则各不相同或者不同的国家采用不同的命名系统和报告风格，那么就会出现不可靠和错误。

20 世纪 50 年代和 60 年代研究者对这些问题进行了审视，他们发现即使查看非常宽泛的分类（比如区分抑郁症和焦虑症），临床医生在诊断上也很少能达成一致意见。而且就像我们在抑郁症的诊断标准中看到的，诊断会非常具体，会区分不同类型的抑郁症和不同类型的焦虑症。当查看这些更精确的分类的可靠性时，可靠性会非常低。更令人担忧的是，DSM 体系下的诊断可靠性系数随着时间在逐渐降低——新版本的情况越来越糟。有些诊断看起来比其他诊断更可靠，医学诊断不一定比精神病医生的诊断更可靠。当把医生的判断与验尸结果进行比较时，他们对死亡原因的判断的正确率仅为三分之二。例如，对扁桃腺炎的诊断甚至比对精神分裂症的诊断更不可靠。生物医学诊断与心理疾病的诊断之间的差别在于，生物医学诊断中有各种病理学检查——验尸检查、组织检查和生物实验室检查，但没有针对心理健康问题的实验室检查。

正是因为不可靠诊断造成了早期的种种困难，因此很多研究者致力于改进诊断的一致性。这就是 ICD 和 DSM 不断被更新的主要原因，每次修订都是有具体原因的，但主要的动力在于让诊断更可靠。对什么导致不可靠的科学分析在一定程度上引导着这些修订。一个重要的研究项目调查了美国和英国的精神病诊断，发现美国人比英国人更有可能被诊断患有精神分裂症，躁郁症的情况正相反。研究者采取了很多举措以确保定义个体症状的方式变得更加严格，通过症状做出诊断的规则变得更加清晰。这些努力在某种程度上是成功的。临床医生接受训练，学习使用两个系统的诊断标准，诊断的可靠性大幅提升。在ICD和DSM经过一系列的修订之后，如今美国和英国在精神分裂症的诊断可靠性上似乎达到了类似的比率。

如果精神病医生和其他做诊断的人不仅采用特定的分类规则，而且使用标准化的访谈指南，那么诊断的一致程度也会得到改善。在心理健康领域中，标准是由对行为、想法和情感的描述组成的。在几乎所有情况下，不能依据单一的标准做诊断，它们都是主观判断——需要判断情绪低落的程度，情绪低落构成的问题会导致临床上显著的痛苦，或者会损害社交、职业或其他重要的功能。标准化的访谈表能够大大提高可靠性，诊断者提出与症状有关的标准化问题，病人的回答会与精心编制的标准进行比对。这意味着诊断会变得更可靠，因为不同的访谈者会从回答中得出相同的诊断。

在研究项目中，诊断具有统计上的可靠性，其中会用到标准化访谈，并且会严格遵从诊断标准。然而这些努力在临床实践中仅取得了有限的成功，临床诊断依然非常不可靠。部分原因在于临床医生不常使用这种标准化的访谈方法，而倾向于使用更具特异性的方法来进行诊断。

诊断的正确性

除了需要可靠之外，诊断分类还应该是正确的，即在科学上是有意义的，代表了真实的情况。可靠性与正确性显然密切相关：如果诊断得不到一致认可，或者不同的医生在不同时间对同一个人做出了不同的诊断，那么所有可能的诊断不一定是“真实的”。

为了更清楚地探究这些原则，让我们思考一下想象出来的疾病——金德曼综合征。其症状如下：稀疏的棕色头发，英国东南部口音，突出的耳朵。这种诊断会非常可靠，因为某个人（让我们叫他彼得吧）在每次接受面谈时都可能会被诊断为金德曼综合征（他不太可能改变头发的颜色和耳朵的大小）。两个评估者对是否存在某些"症状"的意见会比较一致，如果有任何疑问，也会就严格的标准达成一致意见，这些标准明确规定了"英国东南部口音"或"突出的耳朵"是什么意思。我们甚至可以定义"棕色"的深浅（当被评估者变老，头发变白时，这会很有用）。症状的可靠性就会达到令人满意的水平，我们很容易比照标准，就某人是否符合标准达成共识。

但是这是正确的吗？通过这些标准鉴别出来的症状是真实的吗？不能因为我们列出了一些标准并能一致赞同它们是否存在，就由此认定存在"金德曼综合征"。显然并不真的存在所谓的金德曼综合征。我们臆造了这种病，甚至能可靠地诊断它，并不意味着它是正确有效的。

完全有可能发明一种无效的诊断。我们以前就这样做过。公平地说，诊断从来没有阻碍精神病学家的想象。19 世纪的美国医生塞缪尔·卡特赖特（Samuel Cartwright）认真地提出了"漂泊症"（drapetomania）的诊断，这是对奴隶试图逃跑的倾向做出的准医学解释。按照卡特赖特的说法，奴隶对自由的渴望是一种叫"漂泊症"的心理疾病的症状。在标题为《关于黑人疾病与身体特征》（*Diseases and Peculiarities of the Negro Race*）的文章中，卡特赖特提出造成逃跑的原因是主人平等地对待奴隶或非常残忍地对待奴隶。他说《圣经》上写奴隶必须服从他的主人，所以奴隶想要逃跑是疯狂的念头。卡特赖特进一步提出了预防措施——如果奴隶出现了不快乐的迹象，他开出的药方是"把他们身体里的魔鬼鞭打出来"。这显然是一个无效的诊断，根本不存在“漂泊症”这种疾病。那么其他精神病诊断的有效性如何呢？我们是否制造了其他无效的概念？一些显而易见的目标会显现出来。

有病还是青春期

DSM-5 包括一个叫“对立违抗性障碍”（Oppositional Defiant Disorder）的诊断类别（多少有些不可思议），它被认为适用于儿童。对立违抗性障碍的诊断标准总结起来就是“至少持续六个月的抗拒性、敌对和挑衅行为”。更详细的标准包括：挑衅或拒绝服从成年人的要求或规定，故意惹恼别人，为自己的错误或不当举止而指责别人，充满愤怒和忿恨。这些标准在 DSM-5 中被分为愤怒 / 暴躁的情绪、好争辩 / 挑衅行为、怀恨在心三类。

作为父母，我知道孩子可能很执拗、不快乐，有时还会有报复性行为。我不会轻视孩子和父母极其不快乐的时刻，我绝对相信这些情况会对孩子和他们的父母造成可怕的结果。但是对立违抗性障碍的诊断标准似乎暗示着很多普遍孩子（包括我的两个孩子）可能被贴上“障碍”的标签。这不仅暗示着他们有问题，而且暗示着这些问题是“心理疾病的症状”。我不喜欢孩子们目中无人，拒绝服从我的要求，或者采取报复性的行为。但是我女儿的淘气就意味着她心理有病吗？

关于正确性的争论同样适用于充满争议的“人格障碍”问题。一般来说，人格障碍的定义是“长期的适应不良行为，包括以不成熟、不恰当的方式应对压力或解决问题”。人格障碍的例子包括反社会型人格障碍、偏执型人格障碍、自恋型人格障碍、类精神分裂型人格障碍等。从心理障碍诊断的正确性来看，反社会型人格障碍特别有趣，不仅因为它体现了这些观点怪异的循环，而且因为英国政府基于这个概念设计了一项计划——危险及严重的人格障碍计划，目的是帮助管理极其危险的罪犯。是因为患有反社会型人格障碍才行径恶劣，还是因为行径恶劣才被诊断为反社会型人格障碍？

标签能说明问题吗，或者只是标签

从很多方面看，反社会型人格障碍说明了诊断的根本性质。人们常常认为诊断反映了真实的因果实体，真的存在一种被称为“抑郁症”的东西，它造成你非常孤僻、无精打采、非常悲伤。这与其他的合理解释非常不同，其他的解释是人们有时会因为各种原因而变得孤僻、嗜睡、悲伤，给它们贴上“抑郁症”的标签无论如何都没有说服力。

反社会型人格障碍指的是反社会的行为模式，例如攻击、撒谎、欺骗等。这些事情显然是真实的，而且后果很严重。这样做的人有可能终生采取这种行为方式（尽管这个观点是有争议的）。有可能发明出诸如“反社会型人格障碍”这类障碍的事实并不能证明真的存在能让人变得反社会的事物。

标签只不过是一种简约的描述。人们不是因为患有反社会型人格障碍才做坏事，“障碍”没有造成行为。“障碍”只是行为的标签，其他原因导致了这些行为。人们之所以贴标签，是因为这样做具有某些功用，但它会使人产生误解，而且是不正确的。以下是 DSM-5 对反社会型人格障碍的诊断标准。

DSM-5 对“反社会型人格障碍”的诊断标准

反社会型人格障碍的特点是不尊重当地文化中的道德或法律标准。反社会型人格障碍者无法与他人和睦相处，或者不遵守社会规则。患有这种障碍的人有时会被称为精神病人或反社会者。

1. 人格功能显著受损：

（1）或

① 自私自利；源自个人收获、权力和快乐的自尊；

② 建立在个人满足基础上的目标；违反法律，不遵守正常的社会行为规则。

（2）或

① 不在意他人的感受、需要或痛苦；缺乏自责；

② 无法形成亲密的关系，用剥削、欺骗、强迫、控制或威胁等方式控制他人。

2. 在以下领域中存在“病态的”人格特质：

（1）敌对，特点是：

① 操纵；

② 欺骗；

③ 冷酷；

④ 敌意。

（2）去抑制，特点是：

① 不负责任；

② 冲动；

③ 冒险。

3. 这些问题具有跨时间的相对稳定性，以及跨情境的一致性。

4. 从年龄和社会背景来看，这些问题被认为是不正常的。

5. 这些问题不是物质滥用或身体疾病的结果。

6. 至少年满 18 岁。

精神病房里的正常人

做出精神病诊断意味着行为或问题（即症状）不同于正常的生活。如果把本质上正常的行为诊断为有问题，那么这应该是对这个概念有效性的沉重打击。

1973 年，戴维·罗森汉（David Rosenhan）实施了一项被广泛报道的实验，实验涉及诊断方法的有效和正确性。基于这项实验的文章的标题是《精神病房里的正常人》。这是一个在美国实施的实验。在实验中，罗森汉安排八名正常人到医院看精神病医生。每个“病人”都抱怨听到了不存在的声音在说“空洞”“空虚”或“砰、砰”声。除了抱怨这种令人苦恼的“症状”之外（当然，这是诊断精神分裂症的一条标准），八名实验者同谋被告知要诚实地回答所有的问题。

八个人都被收住到医院里，其中大多数被诊断患有精神分裂症。这些假病人被收住入院后，他们的一切行为都很正常：他们阅读、写作或探索他们的新环境。不过精神病院的环境和他们被诊断患有心理疾病的事实影响了对他们的行为的解读和报告。工作人员看到其中一名病人在走廊里踱步，便认为他很焦虑。一名假病人被看到在写作，工作人员便记录道：“病人从事写作行为。”重点是在这里“写作行为”被认为是怪异的行为，因此进一步证实了存在心理障碍的诊断。

被收住入院后，假病人报告说没有再出现幻听。平均过了 19 天（7 ~ 52 天），工作人员似乎相信假病人已经康复，可以出院了。医生给他们开的药总共为 2100 片。所有病人出院时的诊断是缓解期的精神分裂症。罗森汉详细记录了假病人受到的不恰当的治疗，而且提到唯一对假病人是否患有心理疾病感到怀疑的是其他真病人，其中一个病人说：“你没有疯。你是记者或教授。你在检查医院。”

罗森汉向同事透露了第一阶段研究的发现，并宣布在三个月时间里会让更多的假病人进入某家教学医院。工作人员要判断每位新病人是真还是假。三个月期间总共有 193 名病人被收住入院，其中 41 人被至少一名工作人员很有信心地认定为冒充者。事实上，罗森汉没有派出假病人。所有去看病的人都是普通公众，有着引发痛苦的真实原因。

罗森汉的研究被广泛报道。他观察并记录了精神病院里的状况和做法。例如，工作人员只把 11% 的时间用在与病人交流上，而且经常对病人出言不逊，比如“快点，该死的，都从床上滚起来”。尽管给这些假病人总共开了 2100 片药，但他们和精神病医生、心理医生、护士每天只有 7 分钟的交流。

然而罗森汉研究的主要关注点是诊断的有效性和正确性。在这个案例中，我们可以看到精神病医生做出诊断的所谓合理的依据。根据 DSM-Ⅳ，幻听是精神分裂症的一个症状。精神病医生认为精神分裂症应该住院并接受药物治疗。在传统的诊断与分类中，这种方法是正确的。然而在我要描述的心理模型中，它们是无效的。

人们会得出这样的结论，那就是精神病医生和护士遵从着他们的系统的逻辑，但这个系统本身是无效的。心理学家主张探究“砰、砰”的声音令人感到痛苦的程度，这些声音对他们意味着什么，这种体验会如何影响人们接下来的生活，或者人们接下来的生活会如何影响这种体验。在此基础上决定提供什么帮助，其中可能包括住院和用药。对罗森汉的研究，现在很多临床心理学家的做法会给予我们解释，让我们感到放心。

我没有重复过罗森汉的实验，但参与了英国广播公司的《地平线》（*Horizon*）节目，这期节目的主题是“你有多疯狂”，探究了与罗森汉实验相同的问题。我们挑选了 10 个正常人（都很外向），其中 5 个人因为心理健康问题正在接受帮助（对他们做出诊断的是知名的精神病医生），另外 5 个人没有出现过这类问题。我们让这 10 位勇敢的人面对充满压力的情境：清理牛舍的泥浆，进行定向越野，表演脱口秀，参加彩弹射击，并接受一系列心理测试。由一名精神病医生（他曾开发出了标准的精神病诊断访谈表）、一名临床心理学家和一名护士组成的专家评估团会观察这些个体在任务中的表现，然后将他们分为两组：有心理问题的和没有心理问题的。如果有可能，进行诊断。

从严格的科学意义上来说，这些判断的可靠性一定比较低。专家评估团没有对被试进行面谈，没有看到被试接受面谈，也没有向被试提出一些明显的问题（比如“你是不是几乎每天大多数时候都感到情绪低落”）。然而，这不是一个科学实验：节目的目的是探究这些诊断的正确性和意义。问题是，这些诊断是否与人们在现实生活中的经历有关？

我们的诊断过程是为电视节目而设计的。彩弹射击游戏并不是标准的诊断手段，但它有助于说明一个要点——专家评估团成员无法分辨有心理问题且在接受帮助的人和没有心理问题的人。很多人曾体会过严重的社交焦虑，但从来没有被诊断为社交焦虑症。在表演脱口秀的挑战中，我特别钦佩我的一位同事。当然，有些人表演得比其他人好，但心理障碍的诊断似乎制造了一点不同。虽然观察了人们尽力地表演脱口秀，但专家们判断不出谁接受过精神病诊断。最值得注意的是，他们甚至无法分辨谁被诊断患有社交焦虑障碍。那么诊断又有什么用呢？

治疗的有效性

很多精神病医生了解这些争论，但他们认为尽管诊断存在缺陷，但它们是有用的。他们指出，诊断有助于我们沟通和指导治疗，诊断的用途在于它有助于阐明症状的原因。例如“疟疾”的诊断说明个体遭受了某种感染，甚至说明这个人最近去过热带国家。它还告诉我们哪种治疗可能有帮助，预期会怎样。类似的预测在精神病学领域中从来不是很成功，在精神病方面尤其差。

如果诊断是正确的，那么它应该预示着预后。然而，除了学习障碍或神经疾病之外，其他的诊断结果变化无常，所有修订诊断标准的尝试都不算成功。

诊断还应该预示出什么样的治疗会有效。但是似乎很难基于诊断预测出什么治疗会对病人有帮助，实施某种治疗的原因常常并非基于诊断。

更重要的是，对诸如“精神分裂症”和“双相障碍”等诊断类别进行的药物治疗，如通常被用于治疗精神分裂症的“神经松弛剂”或“抗精神病药”，会产生非常不同的反应。不是每位被诊断患有精神分裂症的人都能从这些药物治疗中获益，而这些药物对一些被诊断患有其他疾病的人却产生了疗效。这些疾病通常被认为与精神分裂症毫无关系。锂元素一般被用来治疗双相障碍，但它的疗效同样变化无常，不易确定。在一项研究中，研究者让被诊断患有精神分裂症或双相障碍的人服用神经松弛剂或锂元素，或者两种药都服用或都不服用。结果发现药物的反应与具体问题有关，与诊断无关：神经松弛剂对幻觉和妄想有效，锂对情绪波动有效，不论诊断是什么。传统的医学方法把治疗建立在诊断基础上，很多支持诊断的论点强调的就是这一点。由于精神病诊断似乎对指导治疗没有什么帮助，因此这个问题看起来很致命。

谈到预测暴力，诊断同样没有什么用。实施暴力行为（包括杀人）的人几乎都没有被诊断患有心理疾病。仅有 5% 的杀人罪行是由精神病人实施的，大多数精神病人并不危险。此外，诸如“精神分裂症”这样的诊断并不能预测一个人有多危险。因此诊断类别很少被用于预测过程或结果。事实上，尤其就暴力而言，个体的问题（比如暴力行为史）比诊断更能预测未来的暴力行为。

统计上的有效性

考察诊断分类有效性的另一种方法涉及用统计技术研究人们的精神病体验是否真的聚成一类，这可以用诊断方法预测出来。研究的结果没有支持诊断分类的有效性。例如，精神病症状彼此之间的相关性似乎并没有反映出诊断类别。与之类似，聚类分析（一种根据某些特征对人进行分类的统计技术）显示精神病人报告的问题没有反映出得到普遍认可的诊断类别。统计技术还突显了被诊断患有精神分裂症的人和被诊断患有其他疾病的人之间的大量重叠——无论是在科学分析中，还是在诊断标准中。

2009 年，博士生杰玛·帕克（Gemma Parker）、西蒙·达夫（Simon Duff）和我用最小间距分析这种统计技术查看了诊断的统计有效性。这是一种专业性很强的方法，被用来研究某个样本中每种体验与其他体验之间的相关关系（这个例子中的体验就是是否存在精神病诊断的症状）。杰玛访谈了 44 个人，他们当时都在接受各种心理帮助。她采用的是精神病诊断的标准访谈，不过她没有用它进行诊断，而是把访谈拆散，从中抽取出每一个问题，只是没有将这些问题和诊断联系起来。当然，这不是精神病访谈的标准方法，我们的目的是查看这些症状之间的关系，而不是做出可靠的诊断。

我们发现其中的变化很大。有趣的是，尽管一个人表示自己存在其中若干问题，但并不符合任何诊断的标准。另一方面，有的人不仅表示自己存在其中的很多问题，而且符合不止一种诊断的标准。不过我们最感兴趣的是不同症状或问题之间的关系，以及它们是否聚集在一起，可以由此做出抑郁症、焦虑症、精神分裂症等诊断。

在图4–1中可以看到我们的研究结果。我们没有发现独立的而是或多或少连续分布的诊断类别。这个分析与对相同问题的其他分析是一致的，即并不存在清晰的分类或诊断类别，更多的是问题的连续体。这看起来很像一个障碍频谱，从比较普遍到不太普遍。比较普遍的障碍可能不太严重，比如担忧和焦躁不安（很多人出现过这些问题，有情绪障碍的人当然更会如此）。不太普遍的障碍会严重得多，比如妄想和混乱的想法。

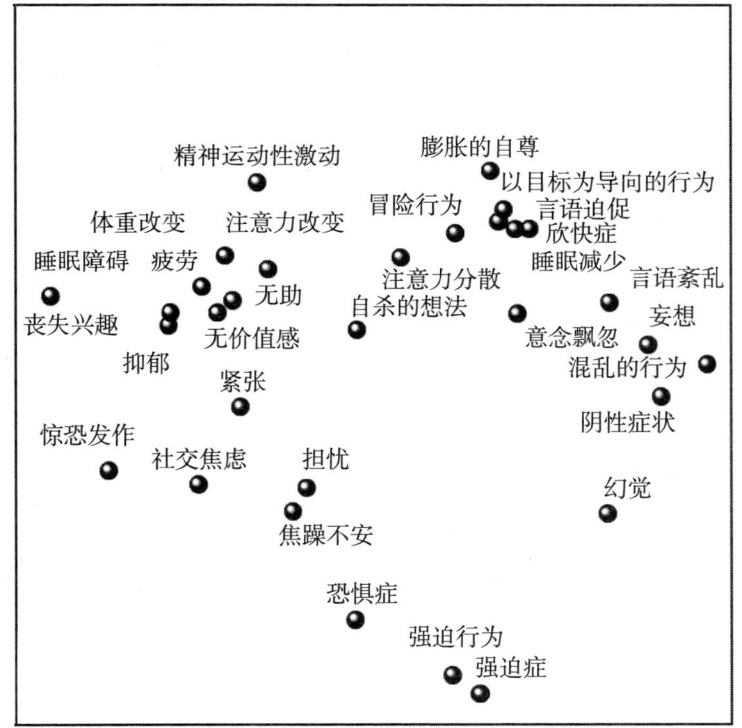

图4–1 心理障碍的症状之间的关系

（源自杰玛·帕克的博士论文）

诊断背后的核心观点是某些心理问题会聚集成类，这依赖于特定的

“障碍”或“疾病”具有共同的特征，使它能够区别于其他“障碍”或“疾病”。基于以上阐述的证据，很多心理学家认为这些区别是无效的，对心理问题的诊断不能反映自然界中真实的“接缝”。

其他诊断方法：连续体法

把精神病学看成是医学的一个分支，把这类问题看成是心理障碍，这种方式完全是有问题的。这种诊断方法尤其会强化以下的观点，被诊断患有抑郁症、精神分裂症、双相障碍等疾病的人的行为和体验从性质上不同于正常的行为和体验。对心理诊断无效性的研究显示，这种假设是错误的。我们通常很难区分正常体验、不正常体验或精神疾病。如今我们会认为魔鬼附身的说法很荒谬，但在中世纪这种观点很普遍。对于每一个因为幻听备感痛苦而向精神疾病医生或心理学家寻求帮助的人，大约对应着10个有相同体验但并不感到痛苦的其他人。如果临床心理学家或精神病医生访谈一位信仰五旬宗的基督徒，基督徒说他听到上帝在对他说话，那么他们会很难对此进行归类。

很多人，尤其是临床心理学家提出，这些假设的“症状”是位于连续体上的现象，这个连续体存在着正常状态。当事情出问题时，它们只不过是普通人所具有的特质的有问题的表达。这并不是新观点，但它确实与传统的诊断方法相冲突，传统的诊断方法认为心理疾病在性质上不同于正常状态。

思考一下常见的体验（比如焦虑），你就可以很好地理解连续体方法。每个人在生活中都体验过焦虑。有些人还体验过极度的惊恐，或者曾经很多次感到非常焦虑。很多人常常会感到轻微的焦虑。只有少数人会经历焦虑的极端形式（比如一系列惊恐发作）。在诊断教科书上，这些症状被认为可以支持焦虑症的诊断。

连续体：理解其他人，集中你的注意力

几乎所有的心理问题都位于连续体上。在很多情况下，相应的心理过程会导致恶性循环。当人们抑郁时，他们会变得孤僻、疲劳，这会限制他们寻找乐趣和补偿的能力，因此情绪会变得愈发沮丧。如果人们发现强迫性的仪式能够缓解焦虑（当然这是假象），摆脱忧虑的结果会具有强化作用，造成更严重的强迫问题。然而存在这些循环并不能说明心理健康的连续体模型是无效的。

解释大量心理障碍的根本问题源自正常的心理，这一事实使得连续体成为必然。在心理障碍领域里有两个很好的连续体的例子，它们就是对自闭症（或亚斯伯格综合征）和注意力缺陷多动障碍（Attention Deficit Hyperactivity Disorder，ADHD）的诊断。很多孩子存在学习困难的情况，他们不能集中自己的注意力，无法很好地调节自己的情绪。作为两个孩子的父亲，在我看来所有孩子都不同程度地存在这些问题。这有时属于童年期正常的烦躁不安（如果我的孩子不能从早上9点到下午5点都保持高度专注，我会略微有点担心。孩子本来就不应该那样，松鼠或闪光的东西会让他们走神）。有时老师和家长会发现孩子存在明显的问题，这些问题令人担忧、具有严重的破坏性。这类问题可能与其他问题或障碍有关。但是，就像儿童与青少年精神病学家萨米·迪米米（Sami Timimi）和乔纳森·利奥（Jonathan Leo）所提出的，注意力缺陷多动障碍是一种疾病的观点很值得质疑。尽管我们需要了解儿童为什么以及如何调节情绪，集中注意力，我们还需要研究相关的神经科学和社会文化因素，但认为调节情

绪、集中注意力以及相关的注意力缺陷多动障碍位于同一个连续体上的观点应该更合理。

有关自闭症的争论与之类似，但又有些不同。一方面，我们提出了"自闭症"和"亚斯伯格综合征"这样的疾病，但很多人会注意到目前专业人员在探讨"泛自闭症障碍征候群"（autistic spectrum condition）。在过去几年里，这些诊断的范围扩大了很多，从只影响少数人的严重问题到被广泛使用的诊断类别。这个标签下包含的问题可能非常重要，会造成严重的障碍。泛自闭症障碍症候群涉及一个人的社会认知——他们理解他人、理解人际关系的能力，本质上就是理解他人的情感和感受的能力。正如我之前探讨过的，这种社会认知是我们日常思维过程的重要组成，那意味着这个领域中的问题非常重要。

它还暗示着一个重要问题——社会认知是日常心理的一部分。我们总是在试图理解他人的行为，推断他人的意图、想法和感受。有时我们会在这方面出问题，有些人的问题比其他人的更多，因为我们来自不同的背景、有不同的环境，经历过不同的人生事件。萨米·迪米米及其他很多研究者探讨了传统的精神病方法的利与弊。为存在严重问题的人提供帮助显然很重要，而为专业人士分辨出这些问题提供适当指南就更重要。同样重要的是，认识到这些问题是理解社会和情绪这个广泛连续体的一部分。一位研究泛自闭症障碍征候群的研究者甚至提出，不能理解他人内在的情感生活可以被看成是男子气概的极端形式。我不确定自己完全赞同这个观点，但从连续体的角度来看待问题比从诊断分类的角度更合理。同样地，关注每个人都有的潜在的心理过程很重要，而不应该假定只有某些人具有不正常的思维形式。

我们从健康的、功能良好的人身上也能看到所谓的“不正常”，抑郁、焦虑等体验非常常见。我们没有理由认为，让精神病医生做出“重度抑郁发作”的严重问题不是正常体验的严重形式。这并不意味着无须为这些障碍提供帮助，只是意味着它们是正常的。这样的方法会提出以下的质疑，那就是正常的心理和心理疾病这类标签是否有意义。

当然，在探讨需求干预的问题时（也位于连续体上），我们确实需要思考什么时候问题只不过体现了人类的变化性、什么时候需要解决这个问题或者需要把问题看成是障碍。在医学领域，医生会像诊断传统的疾病（比如感染）一样，对高血压和肥胖症等疾病进行诊断。这样做有很好的理由，因为人们有可能死于不良的生活方式，而这些生活方式是可控的因素。这些疾病显然也位于连续体上，但为了方便实际操作，确定分界点是很有价值的，比如血压或体重指数达到什么水平是有问题的、什么时候我们应该进行干预。如果我们可以接受诊断高血压，那么我为什么要担心诊断注意力缺陷多动障碍呢？

它重要吗

我们的诊断方法应该适应目的，这很重要。这些问题之所以重要，是因为它对了解人们为什么会出现障碍很重要。认为某人情绪低落的原因是患有抑郁症似乎并不恰当。这无助于我们对问题的理解，因为它混淆了标签和解释。因此，仅仅说某人患有精神分裂症并不能帮助我们理解为什么他会出现幻听。“精神分裂症”是我们给一些问题贴的标签，其中包括幻听。认为标签能够提供解释的想法是一种偷懒。与之类似，搞明白儿童为什么会出现注意力或情绪调节的问题也很重要，而且注意力缺陷多动障碍的诊断对此并没有什么帮助。因此，纠正我们对诊断的看法很重要，这样我们才能找出真正的答案。

心理健康领域的诊断有可能对人产生深远的影响。有人曾请我对一位年轻人做出心理评价，这位年轻在公关服务部门从事责任重大的工作。在一次例行会议的闲谈中，他跟经理提到在校时他曾被要求去看一位教育心理医生，心理医生认为他患有注意力缺陷多动障碍。他透露的这个情况产生了重大影响。我被请来就两个问题提供专业意见。这两个问题分别是：第一，在进入公关服务部门之前，他接受过职业健康筛选，他说自己没有心理健康问题，所以他是否撒了谎？第二，是否有理由认为他不适合从事目前的工作？我对两个问题的回答都是否定的。这说明心理疾病的诊断（而不是体验）会如何影响你的生活。令人难过的是，心理健康问题依然普遍被视为污点，对存在心理问题的人的歧视依然很常见。我对此感到很遗憾，但这并不意味着诊断（给某人贴上心理疾病的标签）是一个严重的问题。

最重要的是，毫无置疑地使用诊断术语对我们如何理解这些障碍和如何应对它们产生了影响。据我所知，没有治疗自闭症的药物。当我们说某人很难理解他人的想法和感受时，提供某种形式的教育或训练似乎是合理的做法。但是当我们说某人患有自闭症时，便会想到药物治疗。当我们说某人情绪低落、感到自卑时，疗法似乎是合理的选择。但如果说某人患有抑郁症，疗法好像就不太合适了。抑郁症的诊断暗示着需要服用抗抑郁剂，注意力缺陷多动障碍的诊断暗示着孩子需要服用利他林，精神分裂症的诊断暗示着病人应该服用抗精神病药物。

正常——没有不正常——心理

物理定律具有普适性，有时能够解释悲剧是如何发生的。每天我要开相当长一段路去上班，有时会看到交通事故。调查员会细致地调查可能的事故原因（出于保险和法律原因）。其中的很多分析涉及物理学，如橡胶与柏油路之间的摩擦系数、离心力、举力和下压力等。物理学定律显然有助于调查员了解汽车为什么会相撞。他们可能想知道，汽车为什么会失去牵引力，包括汽车有多重、转弯半径多大、速度以及轮胎压力、路面是怎样的。但是并不存在不正常物理学这样的事物，没有哪个物理学分支只适用于汽车相撞，或者存在适用于正常生活的物理学分支。我们不认为存在有“正常的摩擦系数”和“不正常的摩擦系数”，但我们会试着理解摩擦力的工作原理，然后用这些知识来设计出更安全的道路。

心理学定律同样具有类似的普适性，既可以解释健康幸福，也可以解释痛苦烦恼。心理学中同样不存在正常的心理和不正常的心理，只有心理。所有人都在理解自己的生活，我们用相同的过程形成这种理解：我们在后效强化的基础上进行学习。我们构建理解世界的框架，并用这些框架预测未来，指导我们的行为，但我们显然是会犯错的。然而并不存在正常的心理和不正常的心理，我们都只是在理解世界。

甚至在普通人群中，精神疾病或类似精神疾病的体验也很常见，比如持有并不过分但不寻常的想法（被外星人劫持），偶尔出现幻听，或者有怪异的知觉体验。“妄想狂”是极端的怀疑状态，它位于怀疑感的连续体上，我们时不时地都会心存怀疑。人们在这方面存在着差异：我们知道必须小心对待某些人，因为他们会把我们的行为和言语解读为侮辱。与之类似，不同的情境会引发不同程度的怀疑。我们都曾有过身处让人特别警惕的环境的经历，在这样的环境中，即使毫无危险的东西也会让我们感到害怕。

例如，调查显示 10%~15% 的人在一生中会出现一次幻觉。最新的研究显示，"类似精神疾病的"体验普遍比医学意义上的精神分裂症高出 50 倍。极端的情况（比如感官剥夺或睡眠剥夺）会导致各种错乱，包括妄想和幻觉。一些有"奇怪"体验的人认为，这些体验能够丰富提高精神（包括幻想、幻听或深切的精神体验）。

不同的文化对怎样表达痛苦是恰当的有着各自不同的看法。某种体验是心理疾病的迹象、正常的反应，还是"属灵的恩赐"（会得到某种程度的尊敬），不同文化有着不同的看法。这些发现说明尽管"精神病"症状对某些人来说非常令人痛苦，让人无能为力，但这些不寻常的体验可能不一定是危险的，甚至有可能会提升生活质量。

维度方法

认识到令人痛苦的现象和构成心理障碍诊断标准的现象位于一个连续体上的结果是，分类本身是不必要的。相反，我们可以采用维度的方法。不是将人们的体验进行分类，而是根据他们所体验、表达和表现的各种问题的程度来进行描述。我们会从程度的角度来描述某人问题，而不是看它们是否适合某个类别。

这种方法的例子包括根据一个人所感受到的沮丧情绪的程度来描述，根据人们陷入焦虑的程度和频率来描述，根据幻听所引发的痛苦的程度来描述。最新的精神病学研究显示，从理解心理疾病和规划护理的角度来看，维度方法比分类系统更有效。

现象学方法

许多研究者提出聚焦于特定的体验和行为（如医学术语中的症状）能够克服诊断的问题。最近英国在理解某些心理机制方面取得了重大进步，这些心理机制有可能导致不同寻常的想法、幻觉和沟通障碍。

这不同于症状 - 诊断方法。诊断方法基于医学模型，基于这样的假定，即所观察到的症状聚焦成类，而且是潜在疾病的“症状”。现象学方法不会做出这样的假定，也并非基于医学模型。例如，它不会假定幻听是“精神分裂症”的“症状”，而只是理解幻听现象。

在这种看待世界、看待人类本性的观点中，没有必要调用不正常这个概念——人们只是在理解他们的世界。18 世纪法国科学家拉普拉斯（Laplace）写过一本关于天体机制的著作《宇宙物理学》（*Cosmological Physics*）。拿破仑对这本书提出了质疑（因为书中没有提及上帝）：“拉普拉斯，听说你写了一本有关宇宙系统的大作，但只字未提造物主”。拉普拉斯答道：“我不需要那个假设。”论及诊断的概念，心理学家不需要以下的假设，那就是存在着潜在的“疾病”。我们只是在理解我们的世界，形成复杂的、变化的、充满情感的理解框架。有时这些理解框架会导致痛苦，这时人们需要帮助，但这显然不同于分类诊断的方法。

只是描述和罗列人们的问题在有些人看来似乎过于简化了。这种简单的现象学方法常常受到的批评是，它不适合规划心理保健。这些批评者认为，出于统计和指导个体心理保健的目的，我们需要诊断。但是我认为个体的问题可以被描述和评估。定义和测量个体的问题比做出可靠正确的诊断更容易。这些诊断在规划心理保健方面看起来也不是很有帮助。当然，如果这些诊断类别是不正确的（就像证据所显示的那样），那么同样地，任何群体层面的规划也是不可靠、不正确的（出于统计和流行病学的目的）。一种更恰当的方法是研究个体的问题。

我们需要大规模修订我们思考心理痛苦的方式。这意味着承认这样的痛苦是正常的，是人类生活的一部分，没有什么不正常——面对艰难的处境，人们的反应就是变得很痛苦。因此，我们用来识别、描述和应对痛苦的系统应该采用能够反映它的语言和过程，这意味着承认正常体验与障碍之间没有明确的界线，因此应该排斥诊断方法和疾病模型。

心理学依赖于客观的定义和对人类行为、想法和情感的描述。学术心理学以及应用性专业，比如临床心理学，依赖于此。对现象客观的、功能性的定义不需要暗示这些问题汇聚成为“症状”，也不需要假定存在着潜在的“障碍”和“疾病”。对研究者和临床医生来说，识别出特定的现象就足够了。心理学家当然应该努力确保每个人使用的定义都是相似的，尤其是跨国的应用。可靠并有效地定义一系列问题相对简单明了，例如定义情绪低落、幻听和侵入的想法。值得指出的是，国际上得到广泛认可的对一些现象的定义与当前精神病学的分类并不相同。没有理由认为这些现象聚集在一起形成“疾病”，也不应该假定存在某种形式的潜在病理或疾病。

心理公式

为了理解和解释人们的体验，为了规划心理保健，我们需要做的不只是列出问题（或者列出问题，在维度上给它们打分）。医学方向的精神病医生当然也承认这一点，他们认识到病人需要的不只是诊断。对临床心理学家来说，这意味着发展心理公式。

心理公式能够描述和解释人们为什么会出现障碍。它们通常包含一系列问题和可能造成问题的心理原因。问题清单是对人们真实的体验或问题的描述，这样的例子包括情绪低落、缺乏积极性、幻听、不能正常工作、妄想等，临床心理学家及其来访者一起分析什么事情导致了这些问题。因此，公式是非常个人化的，为每个人定制的，关系到他们的具体问题。

一般来说，公式能够探究个人生活中重要的形成性事件，以及个体对这些事件的解读与反应。随着心理学家和来访者对问题了解的深入，公式也会发生改变：它们是对问题的“最佳猜测”，一段时间后这些猜测会受到检验。形成公式的过程是合作性的过程。心理学家和来访者一起构建对问题的描述，形成什么导致了问题和什么有助于解决问题的推测。公式的主要功能包括总结来访者的核心问题，形成相应的干预计划。这些都建立在各种假设的基础上，形成假设的基础是心理学理论，这些心理学理论解释了来访者问题的形成和保持，由此提出来访者的问题如何彼此关联，并规划干预方法。所有公式都是可以修订和重新制定的。因此心理学的案例解析很复杂，临床心理学家会采用各种各样的心理学理论，每条理论都源自科学研究。尽管个体的案例解析不会用到所有的研究，但个体可能存在彼此相关的多种心理问题，因此训练非常重要。

临床心理学家形成的公式可能涉及个人的问题、夫妻的问题或家庭的问题，有时心理学家建立的公式是为了让多学科团队来解决共同的问题。

公式的形成和分享还可能涉及其他机构和服务部门的个人或团体，比如病房、疗养所、学校、养老院、法院等。在这类情况下，建立公式时需要协调各方面的利益、优先级和关注点。心理学家需要把所有涉及方的需求都考虑进去，这是一项艰巨的任务。

对心理学家来说，考虑更广泛背景中的健康幸福是很重要的。人们拥有不同的价值观、不同的宗教信仰，对健康和心理健康有着不同的看法，所有这些都会被纳入公式中。我们知道，受到歧视或不公待遇的黑人和少数族裔很有可能出现心理健康问题，但寻求心理服务的可能性较小。难民和寻求庇护者因为遭受了创伤与困苦，所以很容易出现心理健康问题。在沟通烦恼与痛苦时，语言差异会造成额外的障碍，而且在如何表达烦恼与痛苦上也存在着文化差异。因此西方心理学的治疗方法和治疗形式常常强调，为了良好的心理健康，需要独立和自主。而非西方文化会更多地聚焦于精神和集体性，倾向于强调家庭的需求，而不是个体的需求。适合文化的心理公式需要考虑到所有这些问题。

公式化当然不是完美的，提供诊断、和来访者建立并分享公式本身就是强干预。我和我的同事、我的专业团体分享了这个观点，即公式化是一种非常积极的工具。但是同样显而易见的是，来访者对公式的反应很复杂。虽然人们说公式化很有帮助、令人鼓舞，让他们感到放心，而且增加了对心理学家的信任，但来访者也说找到公式是令人伤心、不安、恐惧和担忧的，甚至让他们无所适从。公式是对问题起源的复杂解释，这些严重的问题常常源自创伤性事件及人们对这些事件的反应。就像诊断过程中难免会存在偏见，有时会造成绝望、无力感等消极后果一样，心理公式同样可能被冷漠地运用，或者造成无力感。总的来说，心理公式比诊断更可取，正如我们之前看到的，诊断既不正确，又不可靠，但两位心理学家的公式之间的一致程度最多也就是中等。

公式化对临床心理学家的训练和实践都非常重要，不过健康心理学家、教育心理学家、司法心理学家、咨询心理学家及体育与运动心理学家也都在进行着相关实践。公式化还出现在英国精神病医生的培训课程中，但是心理学公式与精神病学的公式有着显著的差异。在大多数情况下，精神病学的公式会从诊断开始，它是对各种生物因素、心理因素和社会因素的解释，这些因素涉及障碍的发展。然而理查德·本托尔（Richard Bentall）和其他研究者提出，如果精神病公式（对导致诊断的各种因素的解释）被成功地实施，那么精神病诊断本身就变得多余了。这并不意味着我们应该废弃诊断。很多人认为精神病诊断很有帮助，采纳这个观点既是恰当的，也体现了尊重。在这种情况下，很多心理学家既会解释如何运用诊断的方式（当人们出现这类问题时，我们发现使用“重度抑郁发作”这样的诊断有时很有帮助。它用技术术语描述了你的问题的类型），也会解释为什么诊断会被认为有帮助（这意味着你可以因为健康原因提前退休了，而且这是向家人和朋友解释你的障碍的有效方法）。和来访者一起构建公式的过程提供了以其他心理学方法探究他们的障碍的机会。

根据定义，心理学公式应该包括解释和说明问题起源的心理过程，这意味着关注人们理解世界的方式。用英国心理学家的管理部门健康与保健专业委员会（Health and Care Professions Council）的话说就是，这意味着临床心理学家必须“了解心理模型，它关系到生物学因素、社会学因素、环境或生活事件因素如何影响心理过程，从而影响心理健康”。这绝不是对精神病医生的方法的轻视。他们的关注点略微不同，这是必要和受欢迎的。

虽然有些人觉得名称或诊断标签是有帮助的，但我们的论点是这种帮助来自对问题的识别、理解、证实和解释并获得了某些缓解。不幸的是，来访者常常发现诊断只是提供了一种假的承诺，承诺他们可以获得这类益处。例如两个被诊断患有“精神分裂症”或“人格障碍”的人可能并不具有共同的症状。因此很难看出使用这些诊断能有什么交流上的益处。当然，对真实问题的描述能够提供信息，比诊断标签具有更大的交流价值。

05

对幸福的新思考

THE NEW LAWS OF
PSYCHOLOGY

Why Nature and
Nurture Alone
Can't Explain
Human Behaviour

位于喜马拉雅山脉东段南坡的佛教国家不丹王国的一个独特之处在于它把“国民幸福总值”作为了政府的明确目标。对幸福的关注是全球性的一个发展趋势。我在之前的章节中提出的建议是，理解人与心理健康的心理学方法应拒绝过于简化的诊断方法，而是聚焦于识别和解决痛苦背后的心理问题并提供干预。这章将探讨的是聚焦于提升幸福，而不是治疗疾病，这才是前进的道路。这个观点不仅与我在本书中探讨的心理科学相符合，而且是最佳的保健传统，得到了诺贝尔经济学奖获得者的支持。

真实世界中的幸福

我在英国国民保健服务系统中担任临床心理学家。我的一位来访者的简单描述阐释了幸福的意义，以及为什么关注幸福比讨论疾病更有帮助（当然也比讨论精神正常与否更有意义），为什么这种思考方式是相当激进的。

罗斯玛丽是一位52岁的女性，当地精神病医生把她转介给我，希望我能治疗她的抑郁症和焦虑症。虽然罗斯玛丽确实既抑郁又焦虑，但这些术语并不能充分地描述她的问题。尽管我在这里更想描述罗斯玛丽当时的状况，而不是提供公式化的案例，但简要介绍一下她的问题的背景也是有价值的。罗斯玛丽说她总是感到焦虑和自我怀疑，认为这可能和她父亲的完美主义倾向有关……这个特点使他既非常沉默持重，又倾向于发现错误或失败。罗斯玛丽在青春期时出现过倾向问题，但成年后比较成功，经营着一家成功的企业，嫁给了非常富有的老公。在接近 50 岁时，罗斯玛丽决定在事业上做出一些改变，她去大学学习建筑学。在学业上苦苦挣扎时，她发现自己患上了早期的全身性红斑狼疮（有可能发展为很严重的疾病，染病有时与沮丧的情绪相关）。之后罗斯玛丽的情绪一落千丈，她变得越来越容易进行焦虑的思维反刍。

罗斯玛丽的焦虑、抑郁以及她的心理特征当然很重要。作为一名临床心理学家，我非常相信罗斯玛丽的心理是改变她的生活的关键。如果她能改变看待自己、看待世界和未来的方式，她就能拥有高品质的生活。但是仅仅指出她的心理健康问题（抑郁症和焦虑症）会缩小这些问题对她的生活的影响面。罗斯玛丽和她的丈夫那时刚刚决定离婚：这是非常友好的离婚（她的前夫一直给予她支持），但对她的生活质量产生了巨大的影响。虽然罗斯玛丽对生活的心理看法无疑会受到婚姻的影响，但认为离婚是造成抑郁的一个因素无论如何都是不合理的。从奢华的家中搬出来之后，罗斯玛丽住在一栋非常不起眼的房子里，房子位于镇上比较贫穷的区域。离婚后，罗斯玛丽和很多朋友失去了联系，其中有些朋友主要是她前夫的朋友。现在罗斯玛丽失业了，申请了国家福利，为了上大学她放弃了企业，自从被诊断患有红斑狼疮后，她好几个月没工作了。对她来说，这非常令人痛苦，因为罗斯玛丽认为过富有成效的生活很重要。在其他方面，罗斯玛丽的生活品质（她的幸福）也受到了威胁，因此，这些因素可能共同造成了她的焦虑、情绪低落和多发性硬化症。罗斯玛丽在集中注意力和记忆力方面也存在问题。她还有一些令人烦恼的小的健康问题。她日常的生活方式相当克制，她努力保持健康——依然是健身俱乐部的会员，每周至少参加一次教会服务（这是她认为非常有价值的一部分生活）。

这类故事并没有什么特别，尤其是从心理保健的角度来看。解释或理解这类故事并不很困难，它有助于说明两个要点。

第一，心理问题的诊断（在罗斯玛丽情况中就是焦虑症和抑郁症）或者对心理健康问题的关注一般来说会遗漏要点。焦虑和低落的情绪确实烦扰着罗斯玛丽的生活，正如我所说的，作为一名临床心理学家，我非常相信罗斯玛丽的心理问题源自她理解世界的心理框架：心理观点的改变会彻底改变她的生活。简单来说就是，找到令罗斯玛丽抑郁和焦虑的消极想法，帮助她挑战并改变这些想法，这会是一种有效的方法。然而，说她的问题仅仅是由焦虑症和抑郁症造成的显然不充分，认为只要接受了成功的治疗，她的问题就会消失的想法是轻率的。是的，更积极、更投入、更乐观、更有活力、更自信的罗斯玛丽可能更有能力做出重要的生活改变，但必须做出所有这些改变，需要做出的改变很多很多。

第二，这个故事还说明可以从多个领域来思考幸福，比如心理健康、身体健康、财务安全、人际关系等，当然也包括她的精神生活。正如我将在下文中说明的，探讨幸福这个宽泛的概念会引起心理保健方式的根本性改变。因此不但要帮助罗斯玛丽缓解抑郁症和焦虑症，而且为了改变生活，她还需要其他方面的帮助。即使她的抑郁症和焦虑症被成功治愈了，她可能依然孤独，适应性不够好，没有工作，存在健康问题。我并不想说即使罗斯玛丽在心理上更自信、更满足，她也无法解决其他那些问题。事实上，我认为并且希望她能解决这些问题，但即使心理问题得到了解决，人生当中的这些问题依然是真实存在的。

幸福的方法并不会降低传统心理健康问题的重要性，但它强调的是，生活的其他方面同样很重要，比如人际关系、就业、适应、身体健康、财务安全、自然环境，等等。心理学家、统计学家和经济学家正在探究定义，甚至测量这个复杂而重要的概念的方法。

世界卫生组织与幸福的其他定义

1945 年，联合国在第二次世界大战后的混乱与荒芜中成立了。“联合国”这个词最早指的是战胜纳粹的联盟，但当时被用作了国际组织的名称。联合国代替了第二次世界大战前的国际联盟。它的使命是维持世界和平，促进各国在解决国际经济、社会和人权问题上的合作。作为这项使命的一部分，联合国很快成立了世界卫生组织。

起草这个新的国际团体法律基础的官员们既充满信心，又很有远见。1948 年，《世界卫生组织宪章》（*Charter of the Word Health Organization*）把健康描述为“身体、心理与社会福祉的完备状态，不只是没有疾病或身体不虚弱”。这段话能引起人们的共鸣，值得我们去思考它的含义。医生，即医学实践者一直很珍视他们职业的一个要素，这个要素超越了仅仅治疗疾病和病人。

我很幸运，可以每天与利物浦的公共健康专家们一起工作，还有令利物浦市民感到骄傲的威廉·邓肯（William Duncan）博士的传统。就像维多利亚时期的大多数医生一样，邓肯出身于特权阶层。1829 年，他获得了行医资格，并在利物浦的工人阶层地区做家庭医生。他逐渐对穷人的健康开始感兴趣，开始研究病人的生活条件。他对贫困的状况感到震惊，同样让他感到震惊的是居住条件与疾病爆发之间明显的关系，如霍乱、天花和斑疹伤寒。邓肯医生开始了他毕生的追求，他和利物浦市政工程师詹姆斯·纽兰兹（James Newlands）一起应对他看到的问题，改善居住条件。为此他被任命为利物浦第一届卫生官员，并在 1846 年通过了利物浦卫生法案。

公关健康专家提出糖尿病、冠心病等疾病往往是肥胖或糟糕的饮食造成的。虽然很多医生为治疗这些疾病提供医学干预，但公关保健医生和家庭医生越来越多地提供预防疾病、提升健康的服务。当然，这种对健康的积极主动的推广完全是医学的一部分：英国医学总会（General Medical Council）及包括皇家全科医学院（Royal College of General Practitioners）和皇家内科医学院（Royal College of Physicians）等在内的皇家医学院强调促进健康和疾病医治的重要性。在利物浦大学，我的同事玛格丽特·怀特海德（Margaret Whitehead）教授负责领导世界卫生组织的政策研究合作中心，研究健康的社会决定因素，尤其是研究社会经济的不平等如何造成了贫困社区糟糕的健康结果。

重点是在身体健康方面，至少像在精神病学和心理学领域中一样，医生在接纳健康与幸福的概念。世界卫生组织对健康的愿望是“身体、心理与社会福祉的完备状态，不只是没有疾病或身体不虚弱”。公共保健医生对这种方法的积极支持似乎已经得到了广泛认可。这当然是我们对医生和健康专业人士的期望。

2001 年，世界卫生组织又前进了一步，提出了心理健康的定义，这与本书的主题更贴近。世界卫生组织对心理健康的定义是“一种幸福的状态，个体能够意识到他或她自己的能力，能够应对生活中正常的压力，能富有成效地工作，能为自己的社区做贡献”。

针对心理健康的这个定义很美好，但也略微激进。我们可以将传统的精神病学的方法与理想的观念进行调和。如果心理健康确实是一种幸福的状态，人们能够为社会做出充分的贡献，那么我可以想象，治疗心理疾病的概念会被看成是积极的。人们可能会提出，如果你生病了，便不能做出足够的贡献，因此精神病医生（或临床心理学家）的贡献就应该是治疗疾病。但是我认为这种简单的方式——诊断疾病，治疗它们，使病人逐渐好转并为社会提供充分的共享，即使在采用更具心理性的方法之前，就遗漏了公共保健医学的推动力。

在身体健康领域中，现在医生的作用是积极地提升健康，而不只是治疗疾病。在精神病学领域中，情况也应如此。精神病学的任务是聚焦于提升心理健康，乃至提升幸福感，而不只是诊断疾病、治疗疾病。英国政府 2011 年发布的心理健康战略很好地反映了这些主题，它强调了心理健康问题在一般人群中的广泛性和普遍性。每四个人中就会有一个人在一生的某个时期出现过心理问题。它还强调了心理健康问题的经济成本——每年至少 770 亿英磅，而且有可能高达 1050 亿英磅。政府战略写道英国有 100 万人在领取丧失劳动能力福利，其中 40% 是因为情绪或心理问题，据估计有三分之一的人就医是因为心理健康问题。这类问题构成了公共保健最大的“疾病负担”。最后，战略谈到了存在心理问题的未成年人的死亡率，数据令人不安，因为这部分人的死亡率较高。总之，它将心理健康置于了公共保健的全景中。

欧洲委员会更进一步地把心理健康描述为：“一种资源，使人们能发掘智力和情绪的潜能，发现并履行他们在社会、学校和工作中的职责。对社会来说，公民良好的心理健康有助于促进繁荣、团结和社会公正。”有趣的是，欧洲委员会还提出：“人们的心理状况取决于多种因素，包括生物因素（如遗传、性别）、个人因素（如个人经历）、家庭和社会因素（如社会支持）、经济与环境因素（如社会地位和生活条件）。”这种方法与之前提出的观点是一致的，它将心理健康的概念与幸福的各个方面更宽泛地联系起来，幸福正在成为政府政策的一个关键要素。

心理资本与幸福感

2008 年，英国政府科学办公室（Government Office for Science）在首席科学顾问（Chief Scientific Adviser）戴维·金爵士（Sir David King）及他的继任者约翰·贝丁顿爵士（Sir John Beddington）的领导下，开始实施有关心理资本与幸福的展望项目。开展这一雄心勃勃的项目的目的是探究从受孕到死亡影响心理发展与幸福的科学证据。这篇报告仔细研究了如何通过关键政府部门的政策、教育者、医疗保健专家、雇主、家庭与社区、物理环境来提升幸福感。这篇报告尝试着分析和建议可能的干预。目的是向政府和私营部门提供建议，使未来英国的每个人都能达到最佳的心理发展和幸福。项目发起者能够招募到 400 多位国际一流的专家，为这份报告献计献策，讨论各种发现并进行推荐。这些专家来自各个学术领域，包括神经学、心理学、精神病学、经济学、遗传学、社会科学与教育学。

英国《预测报告》（*the Foresight Report*）对心理资本的定义是：“个体认知与情感资源的全部，包括认知能力、灵活性、学习效率、情商（例如共情和社会认知）、面对压力时的复原力。个体资源的范围反映了他/

她基本的禀赋（基因、早期的生物构成），以及持续一生的经历与教育”。项目发起者还定义了心理健康与幸福，即“一种动态的状态，个体能发掘自己的潜能，能富有成效地工作，能奖励牢固而积极的人际关系，能为自己的社区做贡献。当个体能实现个人与社会的目标并获得目标感时，心理健康与幸福会得到提升。”

这些观点与那些强调心理疾病的观点非常不同。它们完全符合针对心理健康与幸福的心理学方法。因此值得我们思考的是，如果把服务建立在健康幸福的基础上，而不是建立在疾病的基础上，那么情况会有怎样的不同。

幸福经济

正如英国《预测报告》的编委及作者所明确指出的，这些谈论不是过于情感化的观点，而是在探讨幸福运动背后的经济论点。在过去几十年里，诺贝尔经济学奖获奖者约瑟夫·斯蒂格利茨（Joseph Stiglitz）和阿马蒂亚·森（Amayarta Sen）提出，促进健康幸福应该是政府的一个明确目标，就像不丹王国那样。我们经常能在晚间新闻节目中看到专家对经济表现的评论。如果连续两个季度国民生产总值下滑，那么对国家经济表现的评价就会是可怕的经济衰退。国民生产总值在经济学具有标志性的地位，它反映了一个国家在给定周期中所有最终产品与服务的市场价值。人均国民生产总值常常被认为是国家生活标准的指示器，它非常重要。

正如我将在下面简要解释的，评估或测量幸福的方式有若干种。在最基础的层面上，某个国家国民的平均寿命至少反映了幸福健康的一个方面。然而不仅不同国家之间存在着巨大的差异，而且同一国家不同人之间也存在着巨大的差异。国家的富裕程度很重要：非常贫穷的国家，比如布隆迪，其人均寿命仅为 43.2 岁。在某些方面，塞拉利昂比布隆迪更贫穷，其人均寿命仅为 42.8 岁。西欧国家，比如英国，其人均寿命为 80 岁。贫穷显然很糟糕。当我们查看总体满意度的各项指标时，再次获得了这些发现。新经济基金会（New Economics Foundation）编制的“幸福星球指数”显示，贫穷国家的人民生活质量、总体满意度、主观幸福感普遍都较差。

这说明国民生产总值（国家的经济财富）确实很重要，相对而言，贫困国家的人民平均寿命较短，健康水平和生活满意度较低。事实上，这种关系不是直接的一对一的关系。理查德·威尔金森（Richard Wilkinson）和凯特·皮克特（Kate Pickett）在他们的著作《精神的层次》（*The Spirit Level*）中提出，当国家的经济达到了一定的基础水平后，相较与平均经济表现的关系，各种各样的社会难题似乎与经济平等的关系更密切。他们用衡量社会不平等程度的指数对一些成功的工业化国家进行了考查。他们比较了人口中最富有的 20% 和最贫穷的 20% 的人之间的收入比。举例来说，在英国，最富有的 20% 的人的收入是最贫穷的 20% 的人的收入的 7 倍。在日本，这个数字为 4 倍，因此日本不平等的情况不很严重。威尔金森和皮克特发现，穷人和富人在一些测量指标上的差距越大，这个国家的表现就越不好，这些指标包括身体健康、肥胖、物质滥用、教育、犯罪与暴力、心理健康等。他们总结道越平等的国家一定运行得更好。尽管很多人批评威尔金森和皮克特的发现，但我认为他们的分析很令人信服。

不过阿马蒂亚·森、约瑟夫·斯蒂格利茨及其他很多研究者提出了稍微不同的观点。他们认为所有这些探讨表明好政府不应该以提供国民生产总值作为单一的目标。在某种意义上，它归结为一个问题，那就是政府的目的是什么。财富、国民生产总值很重要，因为这样社会才能提供基本的生活条件，但财富应该被用于提升公民的幸福与健康，不应该只是积累财富，就好像积累财富本身就是正当的目标。

这种逻辑具有潜在的激进性，因为它不仅会改变政府政策的目标的基本方面，而且它还会从根本上改变我的专业——临床心理学。

测量幸福

如果政府打算把这些考虑纳入规划，尤其是他们想在此基础上如何设计并实施服务，那么测量这个概念就是非常必要的。我们将在下一章中详细探讨什么构成了幸福，这意味着思考如何提升幸福、什么行为能带来幸福。我们还将详细讨论对测量幸福的建议。在英国，前首相戴维·卡梅伦（David Cameron）非常支持国家统计局（Office for National Statistics）领导的一个长期项目，那就是发展测量国民幸福的能力。在我看来，这是很受欢迎的发展，我们正在开始测量幸福，由此使得政府能够重视真正重要的目标。

当然，幸福对不同的人有不同的意义。英国国家统计局面临着达成一致意见的艰巨任务，同时还要解决与测量相关的统计与心理测量问题。总体原则是国家统计局应该对照国民幸福指数，其中应该包括范围比较广的统计数字，针对的是决定生活满意度的广泛问题。作为人类，幸福对我们很重要，它涵盖了各种各样的议题。我们知道人际关系是幸福的重要组成，它有很多形式，比如和朋友的关系，和父母、孩子的关系，爱情或亲密关系，和同事的关系。当然心理健康在决定幸福方面同样很重要，如果存在心理问题，人们不太可能说自己很幸福。同样，身体健康也很重要。除了传统的健康领域，幸福的其他重要组成包括安全感——没有犯罪和对犯罪的恐惧。而居住的品质和安全也很重要，如果我们无家可归，居住条件很差或者不安全，便不可能感到幸福。就像我们将在下一章中看到的，同样的思考也适用于职业的性质和品质，以及在体育、休闲、艺术、文化方面的机会。对幸福真正全面的思考还包括一些比较深奥的概念。精神和宗教生活对有些人特别重要，它们显然是幸福重要的组成部分。幸福的重要方面还包括意义感、目标感、民主的政治（不仅对心理学家来说，而且对政治家来说，它们都是挑战）。我曾经在世界很多地方做过有关幸福的演讲，一些地方（比如伊斯兰堡、伊斯坦布尔）听众的反应让我明显地感觉到在政治方面的民主参与是现代生活的重要组成。

英国国家统计局的挑战在于收集可靠、有效的统计数据来测量所有这些因素。有些可能不太有争议，比如身体健康方面，我们比较容易找到一些关键统计数据，它们能告诉我们国家的幸福水平是提升了还是下降了。重要疾病的发生率也很重要。不像在心理健康领域，这些疾病一般能被可靠而正确地诊断出来。因此我们可以统计中风、心脏病、感染、肾脏疾病等的发生率。更有趣的是，我们可以查看体重指数，这是被广泛用来描述超重或体重不足情况的测量标准。我们一再被提醒，肥胖甚至超重都是对健康有害的。在西欧和发达国家，超重和肥胖的情况日益严重。如果幸福包括身体健康，如果体重指数在一定程度上能够可靠而正确地反映身体健康情况，那么它可以成为幸福指数的组成部分。当然，没有任何统计数字能够单独代表幸福———没有人认为体重指数就是幸福，这类测量只是有助于衡量和描述幸福的一部分。

我们也在其他领域寻找着可靠而正当的统计数据，它们可以测量幸福的每一个方面（英国国家统计局的任务就是把它们聚集起来）。心理健康也是幸福重要的一个方面。不幸的是，有效而可靠地测量心理健康比较具有挑战性。正如我们看到的，心理学家很怀疑精神病诊断的价值，这意味着被用于身体健康领域的一些方法可能是无效的，比如统计被诊断患有某种疾病的人的数量，然后根据普遍性的下降就认为幸福提升了。在心理健康领域，我们面临着额外的问题，比如抑郁症在发生改变，我们或许比较愿意讨论这些问题，因此比较愿意承认它们。这意味着抑郁症发病率的增加可能不表示更多的人变得抑郁了，而表示人们更愿意讨论抑郁症了。我们至少可以思考测量心理健康更好的方法，比如明确具体的问卷或更可靠的统计数据，比如自杀率。

与之类似，我们对其他方面的考虑也应该复杂一些。如果人际关系的质量对幸福很重要，那么对幸福的测量可能应该包括用数字对这个问题进行评估，但是即使明显可靠的指标也是存在问题的，比如家庭暴力发生率。随着文明的发展，我们会认识到并记录之前被我们忽视的一些重要问题。这可能造成对国民幸福完全错误的描绘——情况其实在改善，但会被错误地解读为“家庭暴力在增加”。当然，确保这类指标有效、可靠、有意义是英国国家统计局的任务。在我写这本书的时候，英国国家统计局正在制定这些指标。目前采用的领域包括主观幸福感、人际关系、健康、工作与休闲活动、个人财务、教育与技能、民主参与、国家经济和自然环境。

我们可以根据“幸福星球指数”或“国民幸福总值”或代表国民幸福的一个指数来对国家进行排名，这意味着我们谈论的是一个幸福频谱，事实上是若干领域的幸福频谱的集合。测量幸福的所有不同方法依赖于生活满意度、生活品质或幸福的程度，因此在考查心理健康维度，或与之密切相关的主观幸福感时，我们讨论的显然是心理健康与幸福的频谱，而不是“健康”与“疾病”之间的差异。

幸福的政策基础

新经济基金会是一个反复号召应该关注测量幸福的智囊团，它提供了一些建议，这些建议涉及基于幸福方法的政策应该是怎样的。新经济基金会提出这些雄心勃勃、变革性的观点需要政治家、学者、雇主及广大雇员之间的合作才能取得成功。根据新经济基金会的观点，最初的步骤包括确保欧洲的政府同意引入这类测量。这显然需要统计学、经济学、社会学、心理学方面的专家的参与，他们能够为如何制订和在实践中运用幸福指标提供建议。这意味着既要从国民生产总值的角度来考虑财富，也要思考政府政策对生活品质、社会公正和环境的可持续性具有怎样的支持作用。新经济基金会希望欧洲公民在投票选举时能考虑到政治家的政策对他们的幸福有什么影响。

我们可以看到政策在幸福的每一个方面是如何发挥影响的。正如我们在本书其他部分和本章前面的内容所阐述的，心理健康政策和战略在某种程度上是政治家们的责任。不同的心理健康政策会以不同的方式发挥影响。更普遍的是，我们会看到提供资金的决策以及心理保健服务的组织将如何影响着幸福领域。在英国，鉴于国民保健服务系统的独特地位，类似的政治或政策制定问题也适用于身体健康，因此它对我们的身体健康与幸福都会有影响。在人际关系领域，各种各样的政策和受政治影响的决策会影响我们的幸福。离婚法、同性婚姻法律、婚前协议、子女照管约定、养老金法律、灵活就业的福利规定等都会影响人际关系，这些都是政策制定者需要考虑的问题。政府在教育和就业方面的作用显然很复杂，但大多数教育是政府资助的，各种不同的政策和法律将显著改变教育的范围和质量。雇佣法是英国法律系统中非常重要的一部分，税法、福利法规、政府的投资决策以及经济的健康状况都决定了工作的性质，因此决定了我们的幸福。西欧的大多数政府对精神生活没有什么影响作用，但政府对艺术、文化和休闲有一些影响力，而犯罪与司法公正问题当然是立法者的事情。

临床心理学与幸福

1989 年，英国临床及其他应用心理学的审计结果显示，英国需要 4000 名全职应用心理学家，我们每年至少需要培养 200 名。现在整个英国大约有 17 000 名应用心理学家，国民保健服务系统每年出钱培训 650 名临床心理学家。如今临床心理学家在各个专门领域中工作，比如围产期保健、护理孕妇、儿童及青少年的心理健康。他们从事初级保健工作，帮助儿童克服学习障碍，为接受身体保健和康复治疗的病人提供支持。他们帮助艾滋病患者、药物滥用者和老年人。当然很多心理学家从事成人心理健康工作，帮助存在各种各样心理问题的人，从社交焦虑、重度抑郁症到精神疾病。英国国家健康与临床卓越研究所（the National Institute for Health and Clinical Excellence，NICE）推荐人们使用临床心理学家专门从事的心理治疗。

采用幸福的方法会对心理学家的工作产生重要的影响。临床心理学是扎根于心理健康的专业，解决心理健康问题可能依然是我们工作的重点。临床心理学家显然善于心理治疗，因此我们可能会继续提供一对一的治疗。对我来说，治疗可能依然会聚焦于认知行为疗法，其他临床心理学家可能偏爱不同的方法。除了提供治疗，多年来临床心理学家一直提倡对社会更负责任、更全面的服务。从实践上看，这意味着联合幸福的所有方面，比如把由英国政府运作的就业与福利机构——特别就业中心（Jobcentre Plus）的就业顾问与其他职业健康、职业心理服务结合起来，帮助人们减少职场压力，减少因为情绪问题而缺勤的可能性，提高生产率。这意味着与学校、老师合作，在学习上给予孩子们帮助，并帮助孩子、老师和家长更有效地应对情绪问题。我们期待看到临床心理学家与身体健康服务更密切的合作——支持患有重病的病人，帮助他们适应疾病或损伤，为康复提供帮助，使病人更有可能采取必要的步骤，逐渐变得更加健康。我们应该看到临床心理学家在各种社区服务中提供他们的技能，比如在体育运动和休闲中，与慈善团体等合作，涉及幸福的所有方面。

为此，雇主需要理解并支持这项行动。在英国，大多数临床心理学家的雇用是受国民保健服务系统的委托。我们与心理健康服务的密切关系由来已久，而且我们无疑很擅长一对一的心理治疗。然而这是不幸的，因为这意味着临床心理学家治疗单个客户时，他们才被认为是有价值的员工，但通常不鼓励他们追求更广泛的抱负。正如我在前文中阐述的，心理学的同行们普遍怀有这样的志向。很多年来，全科医生、公共保健医生和职业保健医生已经就自己的职责——促进维持健康和幸福、改善公共健康（而不仅仅是治疗疾病）达成共识。

临床心理学家聚焦于幸福意味着探究临床心理学与其他应用心理学的联系。真正的幸福观整合了临床心理学家对心理健康的关注、职业心理学家对职业的关注、教育心理学家对教育的关注，以及健康心理学家、法律心理学家等的关注点。所有这些专业团体本质上都在做相同的事情：运用他们的心理学知识，解决社会问题，提升幸福。这与其说是临床心理学家将他们的抱负扩大到生活的所有方面，不如说是应用心理学家进行合作，以一致的方式将他们的知识和技能运用于幸福的各个方面，因此这可能意味着要审视我们的训练。尽管临床心理学家的训练已经压力相当大，课程相当全面，但它依然需要根据这种观点做出调整。在 2002 年的一篇论文中，我提出改善和发展临床心理学家及其他应用心理学家的训练与专业化的一种方法是进行更多的整合。这包括在三年博士生培养的第一年，职业心理学家、临床心理学家、健康心理学家、教育心理学家和法律心理学家都在上通用的课程，在第三年才逐渐缩减为专业训练。这样做的好处是我们依然有专业训练，比如临床心理学或职业心理学等，而不是模糊、泛泛的应用心理学。很大程度上，他们可以接触到整合了应用心理学其他方法的训练。

幸福的心理模型

在之前的章节中，我提出过心理健康的心理模型，构建这个模型的基础是：我们的思想、情感和行为（和心理健康）很大程度上取决于经历和教养；而生物、社会和环境因素通过影响心理过程影响着我们的心理健康。

将这个模型拓展到幸福层面一定包含着承认实际因素、社会因素、经济因素，甚至政治因素对幸福的直接影响。如果你感到疼痛，那么它显然影响了幸福的身体健康方面，你很难感到满足和幸福。如果你很穷，看到自己的孩子和同龄人比起来缺衣少食，得不到良好的教育，你很难感到满足。尽管政治家自传里的有些话语令人难忘，但如果你生活在暴虐的独裁之下，那么自由可能就不仅仅是一种思想状态了。我对心理学的贡献很有信心，而且我对心理学观点的力量也很有信心。

正如我在之前的章节中说过的，心理健康与幸福的心理学方法不太符合诊断模型。由于幸福依赖于关键心理过程的健康功能，取决于我们如何理解周围世界，因此将这种理解置于“全人”的背景中是完全合理的。也就是说不应该把心理疾病看成是与广泛的社会、家庭和经济因素相分离的问题（再次返回到柏拉图的从接缝处切开自然的观点），而应该认为幸福包含这些心理问题。为了理解情绪问题，促进良好的心理健康，我们需要幸福的每个重要方面相关的心理问题。重要的是，预测幸福的变量与预测疾病的变量没有什么不同，即并不存在两种模型，一个心理模型既可以解释心理健康问题，又可以解释“正常的”生活。这就回到了不存在诊断的观点——不存在与正常心理相对的异常心理（因此不应该带有“异常心理学”这样字眼书名的图书）。

我在这里提出的模型显然适用于各种社会问题。我认为心理过程的混乱或功能障碍是心理障碍和社会问题最终的共同路径。这种心理学观点完全适用于犯罪、反社会行为、社会排斥、药物滥用等社会问题。如果我们认可心理障碍不应该再被认为类似于疾病过程，那么从“心理障碍”到“社会问题”的过程看起来是非常合理的。

大多数时事评论员总会本能地认为，很多社会问题存在着社会原因，尽管少数人确实认为这类问题应该归罪于生物因素或身体因素。无论怎样，如果生物因素真的对犯罪和其他社会问题有影响，那么我提出的心理模型表明他们之所以能产生影响，是因为它们扰乱了相关的心理过程。同样的方法也适用于社会因素和生活环境，就像它在心理障碍中发挥的作用一样。毫无疑问，社会问题的发展涉及这两大类原因，并不是每个遭遇过这些原因的人（比如贫穷）都会犯罪、滥用药物或出现其他社会问题。我的模型显示个体之间的差异源自这些因素影响相关心理过程的不同方式。所以，社会剥夺和虐待不仅会让你感到有幻灭感、觉得自己什么也做不了、你所能做的事情都不重要，而且还可能造成其他社会问题，比如犯罪、药物滥用、反社会行为，造成抑郁及其他心理障碍。不过，这种分析自然会引发与此相关的心理机制是什么的问题。在这里并不适合详细探讨这一问题，但可以说相当数量的心理议题与重要的社会挑战相关，这些心理议题包括认知、记忆、注意、专注、智商和解决问题的能力等。社会评论员与犯罪学者会从学习行为结果的角度来探讨社会疏离、社会道德沦丧、教养的失败、依恋障碍、行为榜样问题、纪律问题等。对年轻人可能出现的这些问题，其他评论的角度包括延迟满足、问题解决、社会认知和情绪控制。对于心理健康来说，支配人际关系和社会交往的认知图式被认为是关键的心理机制。这条原则显然可以扩展得更广泛——扩展到被认为是社会资本的人际网络。它显示了社会资本的心理构成方式，以及如何形成功能良好的群体。

真正的心理方法的模型也会对法律过程产生影响。在大多数司法裁决中，很重要的一点是判断一个人在犯罪时是否明白自己在做什么，或者是否知道自己所做的事情是错误的。在英国，这种判断基于行为人是否存在心理疾病。在心理模型中，一个人是否知道对与错之间的差别这个问题是很合理的，但实质的问题不是心理疾病的问题，而是这个人明白对与错之间的区别的能力是否受到了上述影响源的扰乱。法律在这方面总是有很高的阈限要求——人们被假定拥有足够的理性，能够为他们的行为负责。然而从心理学的角度来看，法庭应该通过检查这个人正常的心理过程（与他所犯的罪行相关）受扰乱的程度来减轻他的责任，及在实施犯罪时这个人做出正常合理判断的能力是否严重受损？

道德

人们为什么会做出道德或不道德的行为？什么使我们为恶或为善？不道德是否说明存在人格障碍、疾病、生理缺陷，甚至遗传缺陷？或者我们理解世界的方式是否再一次引导并塑造了我们的行为？

于1776年颁布的美国《独立宣言》（*American Declaration of Independence*）被认为是人类历史上最重要的文献，其响亮的话语“我们认为下述真理是不言而喻的：人人生而平等”在历史中回响。在美国签署《独立宣言》仅仅13年后，法国颁布的《人权与公民权宣言》（*the French Declaration of the Rights of Man and of the Citizen*）写道：“人人生而自由并享有平等的权利。”《联合国世界人权宣言》（*the United Nations Universal Declaration of Human Rights*）第一条进一步证实：“人人生而自由，在尊严和权利上一律平等。他们赋有理性和良心，并应以兄弟关系的精神相对待。”美国《独立宣言》的首要起草人是托马斯·杰弗逊（Thomas Jefferson），我们会猜想他一定身体力行了不言自喻的真理——人人生而平等。但是托马斯·杰弗逊是一位烟草种植园主，一生中曾拥有过数百名奴隶。这似乎很奇怪，但奴隶主愿意以人人生而自由平等的名义激发武装反抗。奴隶制似乎突显了这些矛盾——可能是因为系统化的残忍所伴随的巨大经济利益，就像我们在自私自利、残酷的“漂泊症”诊断中看到的。

美国《独立宣言》的主要起草人拥有自己的奴隶，但依然写出了“人人生而平等”。这是否意味着托马斯·杰弗逊存在某种神经障碍，使他看不出一边蓄奴，一边嘴上说人人生而平等是一种伪善？或者这是否反映了一种在当时比较普遍的思维模式，源自正常的社会过程，支持并维护着我们对世界的看法？难道托马斯·杰弗逊是疯狂的、有缺陷的、邪恶的、糊涂的、不胜任的，或者还是个小孩子？

我们为什么会做坏事？2011 年 8 月，英国爆发了一系列暴乱和严重的内乱。起因是一场抗议游行，抗议警察开枪杀人，但是最初的抗议发展成了骚乱，迅速蔓延到伦敦的若干个区域，后来蔓延到了伯明翰、曼彻斯特等地。8 月 6 日到 10 日的夜晚，到处是暴乱、抢劫和纵火。3000 多人被拘捕，1000 多人被判犯刑事罪。暴乱造成 5 人死亡，168 名警察和 10 名消防员受伤。据估计暴乱造成了 2 亿英镑的财产损失。

这些"史无前例的"内乱引发了可预见的政治评论和媒体评论。时任英国首相戴维·卡梅伦谴责了道德沦丧中破碎的社会，但同时承诺"齐心协力地对抗帮派和帮派文化"。《每日电讯报》(*Daily Telegraph*) 提出："必须用强硬的方式让暴徒懂得尊重法律。"

那么为什么会发生暴乱？更准确地说，在本书的背景中，人们为什么会做出这样的行为？什么因素（或许什么生物因素或环境因素）能够解释这些行为？历史学家、哲学家、律师和政治家为犯罪的根源争执不休。心理健康与犯罪行为之间一直有着密切的关系。至少在英国媒体喜欢用"病态的"这个词来描写犯罪行为，但罪犯真的有病吗？这些因素在多大程度上取决于大脑的结构与功能，我们应该在多大程度上为自己的行为负责？

犯罪是一种疯狂吗

我之前引用 1854 年刊登在《泰晤士报》(*The Times*) 的一篇社论来说明诊断方法的不足。法律条款通常考虑的是犯罪行为或不道德行为的合理性，法律规定了责任的某些限度（至少在英国是这样）。例如，如果行为是在胁迫或强制下做出的，那么即使杀人也可能被判无罪。某些特殊的情况，比如弑婴和自主行为（尽管两者非常不同，但都很罕见）有可能被判无罪。更常见的情况是，因为无能力或精神错乱而减少责任。在大多数司法裁决中，很重要的一点是判断一个人在犯罪时是否明白自己在做什么，或是否知道自己所做的事情是错误的。在英国，这种判断的基本依据在于是否存在心理疾病。

人类的行为、思想和情感很大程度上取决于我们如何看待这个世界。这适用于犯罪行为，也适用于心理健康。我们对自己、对他人、对世界和未来的看法决定了我们的道德。就像生活的其他方面一样，生物因素、社会因素和环境因素通过影响重要的心理过程影响着我们，这些心理过程形成并维持着我们对世界的理解。我相信这些规则适用于犯罪和道德，因此从影响我们对世界的理解的角度来看，经历和学习比生物因素更重要。

那么托马斯·杰弗逊为什么会那样做？为什么他看不出表达“人人生而平等”这样的观点和蓄奴行为之间的矛盾？他的大脑是否存在某种缺陷？突触联接是否存在异常？从简化论的观点来看，这可能意味着大脑中记录“奴隶制”及“我”的概念的脑区，与记录平等及意识到美国《独立宣言》中所说的平等与他相关的脑区之间也没有联接。细致的神经检测或神经学设备能够观察大脑中两个概念之间的联接，因此我们可以想象观察到“顿悟”时刻。我猜想杰弗逊要么没有发生过这种“顿悟”的联接，要么不在乎（另一种理论上可以观察到的现象），但我不相信杰弗逊的大脑存在任何异常。我认为他对世界的看法和与他同时代的人没什么不同，他的做法源自他所处的环境和他的人生经历。这是解释这种矛盾的社会心理学，而不是用大脑功能来解释。

理性与道德

采用这种方法会显著改变我们实施刑事审判的方式，至少是其中某些审判。在英国现行的法律中，1957 年的《杀人罪法案 1957》（*Homicide Act 1957*）允许因防卫杀人而减免罪责。如果能证明实施谋杀的人“心智不正常”以至于“大幅削减了他对自己的行为及疏忽的心理责任”，那么这个人可能被判无罪。这使得法官有了更大的自由裁量权，例如勒令入院，这样就可以根据英国《精神健康法案》（*the Mental Health Act*）将嫌犯拘押在精神病院里。

刑事司法体系确实应该考虑可能威胁到被告心理责任的情况，但我想提醒的是，道德理性的心理解释并不暗示着应该把评估道德推理能力作为一种辩护方法，而是司法系统在审判阶段将这些问题纳入考虑可以更好地了解情况。

06

对治疗的新思考

THE NEW LAWS OF
PSYCHOLOGY

Why Nature and Nurture Alone Can't Explain Human Behaviour

我是法国哲学家兼作家阿尔贝·加缪（Albert Camus）的粉丝，加缪曾获得了1957年诺贝尔文学奖，著有发人深省的小说《鼠疫》（*The Plague*）。作为一名知识分子兼哲学家，他不同寻常的做法是积极地反对纳粹占领法国，主编了秘密抵抗运动的秘密报纸《战斗报》（*Combat*）。他在1937年5月的私人日记中写道："心理即行动，而不是思考自己。"我很赞同此说法，因为心理学的目的就是提供有用的东西。临床心理学家帮助人们减少心理痛苦，提升幸福感，而我们通过对心理模型的理解来指引我们的工作。

作为一名心理学家、教授兼临床医生，我认为治疗是帮助我们学习如何理解这个世界的有效工具。

大众对治疗的印象可能接近弗洛伊德——一位博学的分析师聆听着一个人绝望的故事，提供一些精辟评论（如"嗯……或许你应该做你认为正确的事情"）。正如我们将在下面看到的，治疗存在着一些相似性，但确实存在着很多种"治疗"。

当你开始接受临床心理学家的训练时，老师通常会让你接触相对简单明了的抑郁症或焦虑症病例。主要源自心理学行为方法的干预通常对焦虑症比较有效，比如采用逐级暴露法或暴露与反应抑制法。在逐级暴露方法中，治疗师鼓励来访者学习放松技术，然后逐渐让他们接触可怕的情境，同时保持平静；可怕程度逐级增加，从而治疗恐惧症或社交焦虑。暴露与反应抑制法特别适合治疗强迫症，治疗师在治疗中会鼓励来访者允许自己去想那些会引发焦虑的强迫性念头，但不执行他们用来缓解焦虑的强迫性仪式。在我们所建立的复杂公式中，这些行为方法往往通过干预来进行互补，帮助人们克服对自己、对他人、对世界和未来的消极想法。而这些简单的干预通常非常有效。

人们可以做很多简单的事情来提升他们的幸福感。英国《预测报告》（*the Foresight Report*）的编写人除了为提升幸福的全国性政策提供建议之外，还邀请新经济基金会的一个团队研究现有的科学证据，为个人提供建议，即做什么能实现更大的幸福或感到更幸福。他们的结论汇总为五种具体的方法，这五种方法被称为“每天获得幸福的五种蔬菜水果”。

获得幸福的五种方法

保持活跃

幸福显然与身体健康密切相关，同样显而易见的是，活动对我们的健康很重要。这本书不是医学教科书或健身手册，但定期参加锻炼的建议绝对是个好建议，因为这样做能促进心理健康。身心之间的密切关系意味着保持活跃不仅会使我们更健康，而且能使我们更幸福。活动或锻炼会改变大脑中的化学过程，提升让我们感觉良好的神经递质的水平。因此锻炼能改善我们的情绪，而且研究显示它是一种有效的抗抑郁剂。从我对幸福的解释来看，这些就是生物因素如何影响心理过程的例子。

当然，每个人的身体健康水平各不相同，因此保持活跃、保持健康的建议必须符合每个人的情况（应该听取诸如健身专家、理疗医师或全科医师等专业人士的建议）。但是，我们每个人都可以做一些有助于保持活跃和健康的简单事情，比如散步、遛狗、去健身房锻炼、跑步、游泳、骑自行车、做园艺或自己动手做东西。锻炼会让你感觉良好，找到你最喜欢，并且最适合你的运动和健康水平的锻炼方式，然后每天坚持。

运动对与睡眠密切相关的问题也会有帮助。睡眠剥夺的人会感到更痛苦、更暴躁，当然也会感到更疲惫、更昏昏欲睡。睡眠对身体健康也很重要，尤其是对免疫系统。确保足够的睡眠相当重要，锻炼是有助于保证良好睡眠的好方法。

运动，至少大多数运动对获得幸福的其他举措也有帮助。很多运动形式是公共的——人们加入俱乐部或团队。我儿子参加了足球队和自行车俱乐部，每个周日我们和他的外祖父及一群朋友一起去骑车。当早晨来到健身房，我会遇到一些同事和朋友，因此参加体育运动也会推动获得幸福的其他举措。

建立良好的人际联系

正如我在前几章中介绍的，人际关系对幸福的重要性不言而喻。比较幸福不同要素的相对重要性可能是不明智的，但人际关系对幸福的贡献应该是最重要的。就像前面所提到的，人际关系不仅包括两性关系，也包括与父母、朋友、同事和邻居的关系。我们在家、单位、学校等场所都会与人发生联系。为保持与他人的联系付出时间和精力是值得的。

有证据显示，拥有良好的、能给予支持的关系的人会更幸福、更健康、更长寿。我们很难对这些事情进行测量（这就像比较苹果和橘子），但是缺少亲密关系给健康造成的风险类似于吸烟和饮食过量。人际关系和社会支持似乎能保护我们免受感染，降低患心脏病的风险，降低年老时患痴呆症的概率。

良好的人际关系能够提供获得健康幸福及成功所需的爱、支持和安慰。我们主要通过人际关系、其他人的观点（或者我们认为的其他人的观点）形成了自尊和自我价值感。当然，这些关系必须是积极的、支持性的，这意味着什么是最好的人际关系，那就是人们在其中能够分享活动和经历，能够分享他们的积极情感。人际关系是你可以得到并付出支持与安慰的地方。这是一种正向反馈环——幸福的人拥有牢固的人际关系，拥有牢固人际关系的人会比较幸福。最新的研究甚至显示，幸福会像病毒一样在人际网络中传播——一个人的幸福提升了，他朋友的情绪也会随之高涨……然后朋友的朋友，以此类推。幸福看起来好像有传染性，能够透过人际关系传播。

人们还需要归属感，需要感到他们属于某个群体。与团队、同事、员工、雇主、朋友、邻居建立良好关系有助于形成联结感。人类本质上是社会动物，建立人际关系对人类的生存至关重要。像其他物种一样，人类学会了通过协作种植庄稼、照顾孩子、建造住所、收集食物。有力的证据显示，我们大脑的进化特别有助于我们处理社会信息，构建人际关系的关键要素（爱、同情、友善、感恩、慷慨、微笑与欢笑）似乎是通用的、固有的。

因此，在建立和维持人际关系上投入一些时间和努力是明智的。当然这并不容易：当今社会中的很多人承受着孤独寂寞，即使身处大城市（或许尤其是在大城市里）。培养人际关系通常很难，每个人都需要找到自己的方式。不过我认为通过观察实际过程，我们可以做得更多，比如加入团体或组织，甚至使用在线相亲中介。我们还应该注意维护现有的人际关系——记得寄送生日卡、周年纪念卡，写信和明信片，答复电子邮件等。我从心理学家的角度来看，我们应该关注自己的想法、假设和信念。我们对世界的看法会影响我们的感受和行为。如果我们认为自己不受人喜欢，如果我们认为这个世界冷酷无情，如果我们相信自己未来会孤苦无依，那么就会做出相应的行为，陷入不幸福的恶性循环中。因此，对我来说，改变我们的思维方式非常重要……我将在后面探讨这个问题。

不断学习

有相当多的证据显示，学习、保持大脑活跃是有益的，因为它有助于预防痴呆症（我认为科学界还没有定论）和其他年老时出现的脑力减退，尤其因为保持头脑活跃显然能让你快乐。一生中不断学习新事物能够使我们接触到新观点，有助于我们保持好奇和投入。好奇心与智力探索似乎是人类的另一个典型特征，它对我们是有益的。对世界的了解越多，我们便越有能力应对生活中的挑战。学会一项新技能会让我们获得成就感，有助于提升我们的自信和自尊。

在终身学习方面，我们可以做很多切实可行的事情。作为教授，我推荐英国开放大学（the Open University）和其他终身学习方案。很多大学提供学位学习的机会，不管你年龄多大。然而持续学习的理念并不局限于获得正式的学历或资格。英国新经济基金会（the New Economics Foundation）的“幸福五法”建议：倡导“尝试新事物；在先前兴趣的基础再次开发新的兴趣点；报名参加课程；在工作中承担不同的责任；修理自行车；学习演奏一种乐器或学习烹饪你最喜欢的一道菜；为自己设定挑战目标”。这些都是非常好的建议，因为刺激能够使大脑茁壮成长（俗话说，大脑就像肌肉，用进废退）。因此都我们可以报名学习法语或汉语，或者学习演奏吉他（或者像我的一位客户一样学习高等数学）。我们可以参加蛋糕装饰课程或学习驾驶轻型飞机，还可以写本书。

当然这些事情具有成瘾性。我们决定去做的很多新事物既包含学习，也包含保持活跃（我儿子对定向越野比赛感兴趣，这项比赛将研究地图的智力任务与郊外奔跑结合在一起）。许多新的学习机会具有共同性，使我们有机会认识新人，建立新的人际关系。作为心理学家，我感兴趣的是我们的想法和信念如何影响着我们学习新事物的动机，以及学习新技能的方式如何影响着我们的想法和信念。作为一名治疗师，我尝试用有效的修辞技术来帮助人们改变他们对生活的看法。然而行动比言论更有效。学习新技能、新知识对帮助人们变得更自信、更乐观。如果我们的工具箱里装有更多的工具，我们对自己的感觉会更好，别人也是这样。如果我们在俱乐部、组织或团队中和朋友们一起探索新观点，我们的归属感、群体感和友谊会提升，这还有助于发展人际关系。这是社会因素和生活事件如何通过影响心理过程来提升幸福感的实际例证。

读者组织（Reader Organisation）是一个很好的例子，该组织涉及通向幸福的很多步骤。读者组织是一家致力于文学的社团，他们大声阅读，讨论伟大的文学作品如何能够影响我们的情绪和人生观。他们与健康服务机构、司法服务机构、应急服务机构、工作场所、养老院等组织合作，组织阅读团体，使人们能够一起阅读。参加者对这些阅读团体及相关活动（如社区戏剧项目）充满了感激和重视。

给予

就像我在前面提到的，由于人类在群体中进化，因此人际关系对我们的生存至关重要。在实践中，这意味着帮助他人会让我们感觉更好。这是人类心理中感人的一面，为别人做事不仅帮助了他们，也帮助了我们自己。为别人做事是提升幸福感的有效方法，这里存在着交叉联系。帮助他人能够增强人际关系，创造人与人之间互惠的关系。很多人给慈善事业捐钱，但我们所说的不只如此。人们可以付出他们的时间、观点、精力、热情和领导力。我们可以做一些很有意义的事情，比如有的人放弃了银行业的高薪工作，去当小学老师、竞选议员、建立慈善机构或有计划地定期做志愿者。我们确保每天至少做一些有助于提升幸福感的事情，我们可以做一些未经计划的小事情，帮助陌生人、家人、朋友、同事或邻居。帮助一个人找到抵达目的地的方向会让你感觉很棒。

研究证明，帮助他人确实能提升幸福感。它有助于培养生活中的目标感和意义感，感到自己的能力增加了，情绪改善了，压力减少了。同样地，它与获得幸福的其他举措相联系：帮助他人是建立有益的互惠关系的过程的一部分。很多形式的社区活动涉及体育运动，或者你可以有意选择既能让你保持活跃、又可以与他人交往、还可以帮助他人的活动（比如组织运动俱乐部，甚至可以清理荒地），以此完成“一天五件事”中的两件。这还有助于培养我们对自己、对他人、对世界和未来的积极看法。

正念的力量

获得幸福的第五个举措乍看起来不同寻常。心理学界和医学界越来越认识到正念的益处。对正念最好的定义是“专注的状态，能够感知当下正在发生的事情”。觉察周围的世界——充分融入这个世界，似乎是获得幸福的关键。当我们是正念的，我们会有意识地注意到周围发生的事情——所见、所触、所闻、所尝，以及我们头脑中发生的事情——我们在想什么，有什么感受。令人担忧痛苦的思维反刍让有些人备感折磨，而在正念中，觉知很重要，但又不能陷入我们所思考的事情，忧虑我们正在观察的事情。正念关系到接纳我们所看到的，不作评判。从我作为心理学家的角度来看，存在两个重要元素：能够有选择地控制我们的注意力和关注什么，觉察我们自己的想法（这种技能被称为元认知）。

有相当多的证据显示，很多人要么无法感知自己的想法，要么无法感知周围的世界。很多人似乎陷入了自己的想法、担忧和焦虑中，追悔过去，担忧未来。我们发现自己忘记了一开始想做什么，我们听不到人们在对我们说什么。我们吃饭，但心不在焉，食之无味；我们开着电视或收音机，但并没有真正去看或去听；或者以“自动驾驶”的状态开车上班。如果我们如此沉湎于担忧和计划——有关过去和未来的思考，便没有时间留给当下。正念的目的是解决这个问题，帮助我们更加留意我们自己的想法和周围的世界。

大量的证据显示，以正念的方法对待生活对心理健康、人际关系和工作业绩非常有益。它对身体健康也非常有益，例如乔·卡巴金（Jon Kabat-Zinn）创造的基于减压的正念技术被证明对身体健康具有诸多益处，比如帮助人们管理疼痛，降低血压，减少焦虑与抑郁。有些证据显示，正念还有利于免疫系统，有助于延年益寿。科学家显示在大脑的神经成像中能够看到这些效果，尤其是在与积极情绪、人际关系和感官有关的脑区。

正念是特别有效的减压方法。练习正念的人的皮质醇水平比较低，皮质醇水平与压力有关，他们能够有效地应对长期压力。当然，正念似乎有助于人们放松，改善睡眠。或许因为这些原因，所以研究显示练习正念技术能够改善记忆力、注意力、专注力和横向思维。这似乎有助于人们更好地学习，更有创造力，因此提高学业表现。这说明正念对各种与工作业绩有关的复杂技能具有积极的影响，比如决策、健康与安全、解决冲突。

在心理学家看来，正念之所以能够产生这些益处，是因为它有助于更充分地觉知外部世界和自己的想法。正念还有助于我们培养有意识地在任务之间转换注意力的能力，这意味着我们能更准确地评估这个世界，更有意识地选择该做什么，更明智，较少做出冲动的决定。正如我之前所说的，正念还会减少思维反刍，减少焦虑和抑郁，这显然有助于提升心理健康与幸福。很多心理学家相信，正念有助于人们从生活中获得更多积极的快乐。更多地关注当下有助于我们充分地享受生活，这会使我们更容易满足于生活中平凡的快乐，而不是不断地懊悔过去或憧憬未来。这样的快乐和享受可以来自一杯红酒、一块美味的奶酪；可以来自太阳照在脸上的感觉；可以来自享用熟透的桃子；可以来自看孩子尽情玩耍；可以来自观赏一场电影……正念的支持者提出，如果你留心正在经历的事情，它们会更加令人愉快。

正念有益于个人的幸福感，还有益于我们的人际关系。正念训练似乎能提升我们的共情力和同情心，并改善人际关系。因此，我们应该培养正念的态度。这不一定意味着要通过上课来学习正念（尽管这是个不错的主意），简单地培养开放好奇的思维方法就可以。就像新经济基金会所提倡的："发现美丽；谈论不寻常之事；留心变换的季节；品味每时每刻，无论在上班的路上，吃午饭时，还是和朋友聊天时，觉察周围的世界和你的感受，反思你的经历有助于你领悟什么对你重要。"

更真诚的心理疗法——认知行为疗法

上述五种方法具有充分的科学基础，似乎很合理，而且做起来不是很困难。然而，这些建议显然不能解决所有类型和不同深度的心理问题。有些情况更需要正式的心理疗法，比如认知行为疗法（Cognitive Behavioural Therapy，CBT）。

我们每天都会获取到大量的好建议。我们通常会忽略掉其中绝大多数，或者像在新年伊始下决心一样，虽然采纳了这些建议，但总不能坚持。这些建议没有或者无法触及幸福的某些方面。如果给人们提建议特别有效，那么所有人都应该过着几近完美的生活了。加强你与家人、朋友以及与更大社群的关系的建议从科学角度看是合理的，但每个人都知道，改变人际关系的性质是一项复杂的任务，而且具有情感上的挑战性。作为临床心理学家，我认为能否改善人际关系很大程度上取决于你的看法。与之类似，健康是幸福的重要组成部分。我们都知道应该经常锻炼，多吃新鲜的蔬菜、水果，但是给出好的建议并不困难，执行起来却不容易。同样地，如果下定决心，我们便可以改变很多事情，比如改变我们生活的地点、所生活的环境和社区、我们的财务状况、教育水平和技能，但有些事情很难改变，比如民主参与的水平、世界经济和自然环境。

如果建议是明智的，但我们无法按照它执行，无法改变生活中非常重要的部分，那么该如何处理令我们非常沮丧的消极方面？佛说："相由心生，境随心转。"这个观点与英国文艺复兴时期（伊丽莎白一世时期）的诗人埃德蒙·斯宾塞（Edmund Spenser）的诗句很相似。在长诗《仙后》（*The Faerie Queene*）中，埃德蒙·斯宾塞写道："心生善恶，生悲喜，生贫富。”如果我们认为自己注定不胜任、没能力，思想和行动就会朝这个方面发展。

我们对自己、对他人、对世界和未来的看法真的很重要。对于情绪问题，人们总能得到很好的建议，但他们无法按照建议去做。为了能遵从建议，我们需要改变想法。幸运的是，一些很好的现代技术能帮助人们学会以不同的方式进行思考。

临床心理学家常常引用大约公元100年希腊哲学家埃皮克提图（Epictetus）的名言："令我们烦恼的不是事件，而是我们对事件的看法。"换句话说就是，我们对事情的理解决定了（至少部分地决定了）这些事情令人苦恼的程度。美国认知行为疗法先驱阿伦·贝克（Aaron Beck）以更现代、更稳健的方式解读了这个理念。他曾乐呵呵地讲过一个相关的小故事。

一天，他来到家门外的门廊上取晨报（通过斯皮尔伯格的电影，我们知道美国送报的孩子会随意地把报纸扔到各家门口），"扑哧"一脚踩上了还冒着热气的狗屎。这让他微微一笑。"为什么？"贝克问听众，"我为什么会笑？"听众皱着眉，摇着头，想不出原因。这时贝克说道："因为我在想，幸好我先穿上鞋才来拿报纸。"

这就是埃皮克提图的观点——重要的是我们如何解读和看待事件。这也是本书的教益，是认知行为疗法的基础。

认知行为疗法是非常流行的心理疗法。它很简单，聚焦于"此时此地"，而不会追溯童年创伤或你与父母的关系。它建立在重要的心理学研究基础上。它被证明对很多类型的问题都很有效。

行为认知疗法的主要假设是，心理障碍依赖于人们如何看待或解读事件。由此产生的想法（或认知）将决定人们如何应对这些事件（行为就来自这里）及伴随事件的情绪。就像本书提出的心理模型，行为认知疗法的基本观点是，人们的思维过程很大程度上是由他们生活中所发生的事件决定的。你的反应会强化问题，因此如果你认为自己没有价值、很愚蠢，你会更留意好坏掺杂的反馈中的负面评论。当然，这会让你更加相信自己是个没有价值的人，于是问题进一步恶化。这很重要，因为它意味着既然人们能够学会现在的思考方式，也可以学会其他不同的思考方式。

行为认知疗法的目的是帮助人们学会更有益的思考方式和应对事件的方式。它采用的是合作、教育的风格，治疗师的做法更像是导师，而不是精神分析师。行为认知疗法通常采用具有实际效用的实验和“家庭作业”，帮助来访者发现应对问题的新方法。如果来访者喜欢相互尊重、能够提供信息和选择的主动型治疗，那么行为认知疗法对他们很有吸引力。行为认知疗法是结构化的、循序渐进的方法，这意味着来访者具有更大的控制权。行为认知疗法的基础理念是人们可以被赋予学习更积极的思考和行为方式的权力，而不必依赖治疗师为他们“挑选”。

有力的证据显示，治疗师与来访者之间良好的治疗关系对成功的治疗很重要。事实上，大多数科学研究显示治疗关系至少像所采用的治疗的“品牌”一样重要。在行为认知疗法中，这意味着关系是合作性的——建立在来访者与治疗师良好的工作关系基础上。治疗师有意采取积极的姿态，不告诉来访者该做什么，而表现得像一位专业而民主的老师，甚至常常布置“家庭作业”作为治疗手段。相应地，治疗师应该坦诚、直率，讲解每一步的基本原理，经常寻求来访者的反馈。

行为认知疗法是一种民主、合作、教育性的疗法：治疗师会解释他们的做法以及原因——所见即所得。事实上，你可以在《用大脑控制情绪》（*Mind Over Mood*）这类优秀的书籍和线上课程中找到认知行为疗法，因为行为认知疗法建立在教育模式的基础上，能够学会新技能，学会新的解决问题的方法。我认为面对面的治疗更可取，因为有证据强有力地显示，关系很重要，但技能也可以通过其他方式习得。

认知偏差

认知行为治疗师通常认为人们的心理问题源于“认知扭曲”，“认知扭曲”会导致有问题的思维过程。对于心理健康问题来说，这些偏差并不独特，因为所有的心理健康问题都存在有偏差的、不理性的思维，但当它们特别令人苦恼时，人们就会感到很痛苦。认知行为疗法有助于人们发现这些偏差，这样人们就能学会识别并纠正它们。

当人们感到困惑和痛苦时，特别容易滑向“全有或全无”或“非黑即白”的思维。此时人们会以非常绝对的、二分性的方式看待事物，而不认为它们就像不同深浅的灰色或位于同一个连续体上。因此，如果别人对他们的表现给予好坏混杂的反馈，那么“全有或全无”的思维可能会让他们认为自己很失败（如教授或老师给予学生好坏混杂的评价）。如果你以“全有或全无”的方式看待事物，而且很难以积极的方式解读当下的状况，那么很容易默认它是消极的，并得出这样的结论：既然情况不好，那一定很糟糕，我是个失败者。这样看待世界显然有问题，人们并不是轻信的或者愚蠢的，但这种思维方式会造成问题，它与焦虑症、抑郁症等心理健康问题有关。

人们还有可能倾向于“过度泛化”，也就是把少量的证据或个案解读为一般规则的证明。例如有些人会说“每个人都认为我是个白痴”或“我是个糟糕的父亲”这类的话。有可能你犯了错，或者本可以做得更好，但很可能是带有偏见的过度泛化，把少数事件（甚至单一事件）当作普遍的自我评价。过度泛化还与妄下结论有关，还涉及从有限的证据得出推论。妄下结论、过度泛化和“全有或全无”的思维显然对心理健康非常危险。生活中的经历没有完美无缺的，甚至你的孩子在某些时刻也可能说出令你烦恼难过的话，或者做出令你烦恼难过的行为。当发生这类情况时，这些偏差非常危险，因为你显然会草率地得出自己是个失败者的结论。

人们还会表现出“放大”和“缩小”的偏差，它们指的是很常见的夸大或减小事件的影响的倾向（有意识地或无意识地）。当涉及情绪问题或重要的问题时，这种倾向特别普遍，“茶杯里掀起的大风暴”或“硬说鼹鼠打洞堆出的土丘是大山”这类习语就表现的是这种倾向。在心理出现问题的情景中，人们通常会夸大事件的消极结果——和恋人的争吵成了灾难（而不是一件令人难过的事）；别人“痛恨”你（而不是觉得你有点令人恼火）；每个人都是如此（而不是有些人）。出现一些财务问题就认为马上要破产了，未来的可能性被大大低估。当人们使用这种粗放性描述时（通常是关于他们自己的描述），“放大”“缩小”的偏差还与“贴标签”的偏差相关，这会导致人们很可能以相同的方式看待未来的情况。例如一个人会给自己贴上“失败者”或“糟糕的父亲”的标签，而不是就事论事。如果你只是犯了个错，那么可能会吃一堑长一智，未来犯同类错误的可能性会降低，但如果你是个糟糕的父亲，那么你会一直都这样（这当然非常适用于孩子。不要说“你是个笨孩子”，而应该说“这次的做法有些蠢”）。

在极端的情况下，这些偏差会导致“灾难性思维”。在这种情景中，人们开始思考最糟糕的可能结果，只会想到灾难性的可能。例如你在家里等丈夫回来，通常的回家时间已经过了，你开始越来越担心，反复思忖各种可能性。“他是不是有外遇？”“他出事故了？”当你这样想的时候，所有的认知偏差都在发挥作用——你在试图证实你的担忧，只考虑到消极的可能，以“全有或全无”的方式进行思考。你非常担心，拨通了他的手机，手机只接通了一小会儿就被挂断了。其实，你老公被老板留下来，老板要求他下班后参加一个公共讲座，不仅回家要比平时晚得多，而且手机也没电了。但“灾难性思维”出现了，你草率地得出结论：一定发生了最糟糕的事情——你老公出车祸了（或者正在偷情），你拒绝考虑其他不那么糟糕的可能。

人们还会出现个人化的偏差。事情的发生常常是出于偶然的原因或与环境有关的原因，但我们可能会误以为它们与我们个人有关。这是更有可能应用于社交情境的偏差，人们会把完全巧合的事情看得与个人有关。例如，你参加一个派对，有几个人需要搭车回家。你可以捎他们回家，但他们决定打出租，这让你感到困惑不解。做出这个决定可能出于若干原因，但个人化偏差会让你认为是因为你的原因导致他们做出这样的决定。

认知行为治疗师会提到很多偏差，但最后两个偏差很值得说一说。人们常常会使用所谓的“情感推理”，这是基于你的感受，而不是基于客观证据来得出结论的倾向。这意味着如果我们感到内疚（当我们情绪低落时常会如此），就会认为自己在做错事。如果我们感到压力很大，快崩溃了，就会认为自己的问题极大或者认为自己能力不够，或者产生这两种想法。如果我们对某人怒火中烧，便会错误地认为我们的愤怒能够证明他们做错了。最后，我们会错误地下定论，认定什么“应该”发生或者我们“必须”做什么。对于应该如何反应，我们很容易变得具有命令性和绝对性，尤其是在我们感到很痛苦的时候。但是，如果这些要求是极端的、不灵活的或过度命令性的，那么便不可能达到这些预期。当然与这些偏差相伴的就是抑郁、焦虑或其他心理健康问题。

启发式推理

在临床心理学领域，认知偏差的观点与启发式推理的关系非常密切。启发法是“心理捷径”，它有助于我们做出通常正确的决定，而不需要我们在面对所有情况时，对每一件事都从头进行逻辑分析，这会是非常复杂而困难的。通过启发法做出的决定不一定总正确，但我们之所以使用启发法，是因为它有助于我们快速处理大量信息。阿莫斯·特沃斯基（Amos Tversky）、在长期合作者特沃斯基不幸去世后获得 2002 诺贝尔经济学奖的丹尼尔·卡尼曼（Daniel Kahneman）和赫伯特·西蒙（Herbert Simon）的研究工作的关键部分就是启发法。他们因为对心理学和经济学相互作用的研究而获奖。事实上，他们感兴趣的是人们看起来没有理性（尤其是在做某些经济决定时），但显然在遵从某种不理性的逻辑或不合逻辑的理性。对于“在不确定情况下做判断”的问题，他们认为人们较少依赖客观理性的、算法性的逻辑，而较多依赖基于经验的粗略估计法。这些启发式的方法是动物在环境中能够逐渐形成的解决问题的方法，它们天生不具备应用数学逻辑的能力。这些策略使我们能够更快、更有效地找到某些问题令人满意的解决方法。虽然严格来说启发法通常不符合逻辑（下面我会解释），但它比纯粹的逻辑更有用。

有些心理学家提出“试错”是启发式推理的一种形式——这种解决问题的方法几乎不包含纯粹的逻辑，但能获得结果。其他常见的启发法包括可用性启发法（availability heuristic）、代表性启发法（representativeness heuristics)、锚定与调整性启发法(anchoring and adjustment heuristics)、承诺升级(escalation of commitment),尽管还有其他的启发法。

可用性启发法可能是最容易观察和理解的。其本质是问题的解决方法或答案并非产生于逻辑的正确性,而是基于你最先想到的事物。你想到一个例子或记起一个相关事件的容易程度决定了你的反应。想到一个例子或记起一个相关事件就是启发性推理的形式。人们看到车祸时会立即减速,这并不是因为人们通过逻辑推理,认识到在这样的条件下开车一定很危险,而是因为脑子里一下子跳出残破肢体的画面。大多数人可能听到过这样有关吸烟的对话:"嗯,没错,但我姑姑一天抽 40 根烟,抽了 60 年,活到了 98 岁。"这是一个可利用的、容易想起来的例子,但并不能推翻证明吸烟有害的大量流行病学证据。由于媒体喜欢报道极恶劣但非常罕见的事件,比如谋杀或恐怖袭击(或者怪异的疾病),因此人们通常会想到这些事情。那意味着,在要求人们估计这类事件发生的可能性时,他们倾向于过高估计富有戏剧性的风险,而低估普通的危险。例如,你在上班路上死于车祸的可能性比死于恐怖袭击的可能性大得多,而你自然死亡的可能性比这两者都大。从严格的逻辑角度来看,不同寻常的、戏剧性的、令人难忘的事件对我们的决策过程应该没有什么影响。但是,从可用性启发法的角度来看,这些事件正是我们最容易想到的那类事件,会影响我们的结论,使之产生偏差。罗宾·邓巴(Robin Dunbar)提出人类大脑最多容纳大约 150 人的社交团体(因此村庄、Facebook 的好友和其他社交团体的成员人数通常保持在 150 人左右)。这个特点造成的影响是,当媒体反复报道杀人事件时,我们会本能地把遇害者纳入我们的社交团体,这意味着发生在那个人身上的悲剧同样适用于我们的某个朋友。这种可用性思维会影响我们的判断,不难看出,这是错误的影响。

代表性启发法会产生类似的作用。在这种思维方式中，人们做决策的基础是相似性，而不是逻辑。有两个经典的实验说明了这种思维方式。首先，人们通常认为图书管理员比较腼腆，不善社交，戴着眼镜，把头发挽成发髻。如果某人符合这些特征，那么人们很可能认为这个人是图书管理员。这可能是合理的，但代表性启发法似乎比逻辑性的数学方法更占上风。在有 10 个人的群体中只有 1 个人是图书管理员，任何人是图书管理员的概率显然都是十分之一。如果有人告诉他们，其中一位女性很腼腆，不善社交，戴着眼镜，把头发挽成发髻，那么他们做判断的信心会大大增加，因为这个人很具有代表性。

锚定与调整性启发法指的是人们会受最初的判断方式的强烈影响——起点会影响终点。因此人们似乎会围绕“锚”进行调整，但不会做出独立的决定。例如，如果你问别人愿意花多少钱买一块腕表，你得到的答案显然会五花八门。如果你让两组人做判断，但向其中一组提出，他们应该问自己：“如果你给自己买块腕表，你认为自己愿意花多少钱？你愿意花比 100 英镑多，还是比 100 英镑少？”你向另一组提出，他们要问自己：“如果你给自己买块腕表，你认为自己愿意花多少钱？你愿意花比 40 英镑多，还是比 40 英镑少？”这样你会得到截然不同的回答。人们似乎没有独立做决定，而是受到了“锚”的影响。这本身就足够有趣了，但可以认为它只是受到了社会压力的影响（“哦……如果这些人认为 100 英磅是合理的……”）。锚定与调整性启发法比这具有更大的影响力。在美国的一项实验中，实验者要求被试提供他们社会保障号的最后两位数字，以及他们是否愿意花这个数额的美元买礼物（如果最后两个数字是 3 和 5，那么他们是否愿意花 35 美元？如果最后两个数字是 9 和 7，那么他们是否愿意花 97 美元？）。事实上他们要在拍卖中出价竞买这些礼物。社会保障号最后两个数字比较大的人出价会比较高，而这些数字显然完全是随机的。不要认为这太荒谬可笑了（尽管人们并没有意识到自己在这样做）。对于任何社会性动物来说，他们会受其他人观点的影响并不是愚蠢的表现，因为在某个山谷里找到食物的可能性比在其他山谷里更大，因为你自己前往可能会丧命，把你的基因传递下去的可能性会降低。

最后，心理学家认为“承诺升级”也是启发式推理的一个例子。经济学家有时会把它称为“沉没成本谬误”。举个例子，我儿子想去自行车馆看自行车比赛。我买了四张票，其中包括我妻子、我儿子、我女儿和我自己的票。后来我女儿拿不定主意是跟我们去看自行车赛，还是去参加万圣节派对。一开始我们想说服她跟我们去看自行车赛，我们的逻辑是这样的：“我们花 17 英磅买了你的票，你不来就浪费了。”这个逻辑的错误在于，17 英镑已经花了，无论哪个决定都不能把这笔钱收回来，因此在这种情况下，我们的问题是她更喜欢去参加万圣节派对，还是更喜欢和我们去看自行车赛。她决定参加万圣节派对。当我在自行车馆外停车时，我妻子在门口以 12 英镑的价格卖掉了那张票。沉没成本谬误是承诺升级的一个例子：一旦你开始做某事，便不太可能改变主意。销售人员常常会使用“一只脚在门里”的方法：一旦你付费加入了红酒俱乐部，便很可能会一直保持会员资格（尤其是如果他们给你所谓的折扣）。有人认为，拍卖就是“承诺升级”的例子——竞价大战显然得益于这种思维。甚至有人认为，军事上的“任务蠕变”（政客从派出“顾问”开始，最后引发战争）也是启发式错误的一个例子。

确认偏误

一个众所周知的人类现象是，人们一旦形成信念或意见，便倾向于继续保持。对于具有情感上的重要性的问题和已经秉持了一段时间的信念，这种现象尤其突出。似乎人们一旦得出结论，便会寻找或关注能够支持这一结论的证据。

我们可以在日常生活中看到这种现象。歧视女性、认为女司机很不靠谱的男性看到有人开车很糟糕时，便会认为驾驶者一定是女性。如果碰巧那是一位女司机，他的假定便得到了证实。如果那个司机是男性，他很可能会忽略、忘记或拒绝考虑这件事。在看报纸时，我们的眼睛会被支持并证实我们的世界观的报道所吸引，如右翼分子会貌似随意地购买了《每日邮报》(*Daily Mail*)，至少在英国是这样。我们浏览报纸上的文章，眼睛往往会落在探讨移民、街头犯罪、"被浪费的"国家福利等内容上。"确认偏误"的结果是，人们倾向于寻找、注意、更有效地加工并记住那些能证实他们的先入之见或其信念的信息。

确认偏误无处不在：在刑事审判中，嫌疑犯被假定有罪，于是证据被操纵以证明他是有罪的。在医学中，医生会维持最初良性皮疹的诊断，而孩子其实患的是脑膜炎。在心理学和精神病学领域中，来访者对治疗师的解释的合理反对会被看成是"防御"，因此不予理会。确认偏误会影响专业领域。在临床环境中，所涉及的情感和痛苦意味着确认偏误很常见。其中一个可以理解的原因是人们被吓到了，当发生这种情况时，忽视可能存在的危险是有害的。我向来访者解释时，常会使用兔子的类比。我们都知道在马路上兔子有时会被车撞到，因为看到车灯时，它们会专注地凝视着车灯，一动不动，乍看起来我们只能用兔子很傻来解释。事实上，对于没有什么抵抗能力，尤其是对味道可口的小型食草动物来说，强烈的恐惧反应具有进化上的适应性。想象在兔子的进化历史中，一只兔妈妈生了兄弟俩。兔兄弟 A 对威胁具有良好的反应——当它看到可怕的事物时，兔兄弟A会把全部注意力投向威胁物。相反，由于遗传变异，兔兄弟B对威胁的反应不够好。它倾向于忽视、低估威胁，虽然看到了“捕食者”，但给予的关注较少。显然在兔子长期进化的历史上，兔兄弟A更适于生存。兔兄弟B被车灯吓得目瞪口呆的可能性比较小，因此对于车祸的威胁，它稍微有点优势。不过我估计即使在现在被狐狸吃掉的兔子也比被车撞死的兔子多得多。我要说明的是，感到恐惧不是疾病的症状，甚至并非不正常，而是具有进化优势的自然的心理过程。

确认偏误及其他偏差本质上是正常的。它们的存在具有很好的理由。我对妄想狂进行过广泛的研究，其中就能看到这种情况。我曾被一位来访者深深吸引了，她坚信当地的罪犯打算谋害她。当然就像通常的情况一样，她的叙述中包含着少量实事——她生活在曼彻斯特市治安不太好的地区，我相信那里确实发生过犯罪行为。无论如何，她所表现出来的正是妄想狂的确认偏误。就像很多妄想狂一样，她以妄想的方式解释每天的各种迹象。一些来访者会认为，来历不明的白色小货车里“一定”坐着国家特工人员，如果他们的手机信号断了，那一定是因为当局者在窃听。一位来访者的情况尤其严重。我们每周会面，她通常会带来她花园里的鹅卵石。我从来没有去过她家（或许真应该去一趟），她说她的花园里有一块地铺着鹅卵石。然而来访者认为，其中一些鹅卵石显然是图谋迫害她的证据。在她看来，这些鹅卵石被扔进她的花园，和其他石头混在一起，这是迫害者留下的邪恶标记。我几乎可以肯定，她对状况的解读是错误的。虽然你对生活中的任何事都无法百分之百地确定，但我非常相信那些可疑的鹅卵石本来就在她的花园里。但对我的这名来访者来说，这些鹅卵石都是可怕的阴谋的证据：每天早上她都要先去看看花园的鹅卵石，这些石头证实了她最害怕的事情。

心理学家有时会拿确认偏误与科学上的检验假设进行比较。一些研究者发现人们倾向于寻找能够支持他们最初推测的证据，而真正的科学方法会通过寻找具有证伪性的证据来发现真理。但是确认偏见非常有用。在我读本科的时候，老师提出过做蛋糕的类比。你做了一个特别美味的蛋糕，很想知道如何能再次做出这样的蛋糕。科学的思维方式是这样的："好吧，我会假设蛋糕之所以非常美味，是因为我加了黄油。"为了检验这个假设，作为科学家，我会系统化地操纵关键变量（黄油），观察结果：用植物油脂（非黄油）做的蛋糕是否口味比较差？这就是科学的方法，尽管很可能做出难吃的蛋糕。你知道应该怎么做，但你在现实生活中可能不想那么做。相反，确认偏误比较安全，不冒险。如果你拒绝证明自己的信念不成立，即黄油是做蛋糕的必要材料，那么你永远尝不到其他口味，而且更有可能一直吃着美味的蛋糕。

举一个启发式推理和"仓促下结论"在现实世界中的益处的例子，这个例子发生在录制英国广播公司《地平线》节目"你有多疯狂"期间。我们设置了一种"仓促下结论"的任务，让被试参与受到操纵的概率游戏。工作人员给他们看两罐彩色珠子：其中一罐里有 80 颗蓝色珠子、20 颗红色珠子，另一罐里有 80 颗红色珠子和 20 颗蓝色珠子。我从某个罐子里每次拿出一颗珠子，要求他们猜我是从哪个罐子里拿的。测试受到暗中操纵，使每个人都面临相同的情况，目的是看人们能多快做出决定。正如我们看到的，仓促下结论与心理健康问题及冲动的消极后果有关，但其中一位被试发表了一番有趣的评论。她没有仓促下结论，而是不断让我从罐子里拿珠子。她碰巧是五个被认为存在心理健康问题的人之一。过了一会儿，我停下来，问她这是什么策略。她的回答很有趣。既然每个罐子里有 20 颗蓝色或红色珠子，那么从逻辑上她可以推测，当我取出 21 颗红珠子或21颗蓝珠子时，她就可以确定我在从哪个罐子里取珠子。她说得完全正确，但这是一种冗长的策略。为了制做出娱乐性强的电视节目，所以我们的录制地点是海韦尔城堡（Hever Castle）。英格兰国王亨利八世的第二任妻子安妮·博林（Anne Boleyn）童年时住在这里。在这里录制节目很有意义，因为亨利国王没有等到确信已经“排除了合理的怀疑”，便开始对付反对者。他的行动迅速而果断：当然他冷酷无情，但成功地维护了自己的权力。偏差、启发式推理、仓促下结论以及确认偏误可能不符合逻辑，但事实证明它们很成功。如果一只兔子在采取行动之前，以符合逻辑的方式进行权衡，那么和草率地把几乎所有事物都看作捕食者的兔子相比，生存繁衍的可能性比较小，因为犹豫不决很危险。

认知行为疗法的基础是帮助人们识别这类偏差以及偏差对幸福感的影响。因此，认知行为疗法的目的不是让人们拥有积极的想法，而更多的是发现这类偏差，帮助人们找到其他的思考方式。这些偏差普遍存在并且是必要的，就像人类所有的行为，它们源自先天的遗传与后天的学习。这些偏差还解释了获得心理健康与幸福的心理方法的关键要素。而这些偏差和启发法大部分源自我们的人生经历。有些人可能天生比其他人更容易仓促下结论，但生活经历确实会影响这些思维方式。这就是为什么认知行为疗法既有效又简单易懂的原因：它之所以有效，是因为这些事情很重要，而且能够学会；它之所以简单易懂，是因为我们所谈论的并不是异常或变态，而是正常的心理生活。

认知行为疗法的体验

所有有关认知行为疗法的标准教材都提出，治疗师在面对新来访者时，应该先探讨这种疗法背后的基本理念，即我们的所思、所感、所为很大程度上取决于我们如何看待世界：在高品质的认知行为治疗中，治疗师会向来访者简单明了地解释什么是认知行为疗法，这种疗法为什么会对他们有帮助。

正如我在前文中说过的，心理学方法对诊断非常重要。治疗师通常会让来访者说一说他们的主要问题，为什么来接受治疗，最好还能列出他们的目标和希望达成的结果。认知行为疗法的核心是详细地揭示每个问题背后的想法、情感和行为。一般来说，在认知行为疗法的治疗中，治疗师会探讨来访者在每种令人烦恼的情境中的想法、感受和行为。因此，如果你在讨论在公共场合发言时的社交焦虑，治疗师可能会让你描述这样的情境："我在为医学本科生讲课"；并描述你的感受，"很窘迫、焦虑，脸变红了，一片混乱，有些愤怒"；描述你的想法，"我真是出丑，他们一定认为我是个白痴，我在教学上一塌糊涂"；描述你的行为，"我说话结结巴巴、犹犹豫豫，讲课时脸一直是红的"。这将处于认知行为疗法核心的想法、感受和行为联系了起来。

认知行为疗法治疗师帮助人们发现与他们问题有关的两种想法：其中一种通常被称为"自动的消极想法"，还有就是如上文所描述的各种偏差。认知行为治疗师会利用各种广泛的研究，这些研究涉及思维的类型、认知偏差的类型以及相关的各种问题。当然人与人各不相同，每个人都具有独特的问题和思考风格，但这些研究的重要性在于它们有助于识别通常与特定障碍相关的思维类型。在高品质的治疗中，治疗师和客户还会建立一些公式，以解释这些想法和偏差是如何形成的（就像前面章节所描述的）。

然而，认知行为疗法的重点在于促进改变，因此治疗过程包括治疗师帮助来访者形成其他的替代想法，形成对事件或情境不同的解释。这些改变相应地会引发新的不同的反应。认知行为疗法的核心要素常常被误认为是“积极思维”。看到“半满的杯子”而不是“半空的杯子”与这个过程密切相关，但认知行为疗法并不是关于积极思维的，而更多的是帮助来访者识别那些造成问题的启发法和思维偏差并改变它们。

认知行为疗法中使用的一种重要方法叫“苏格拉底式发问”。当人们面对新观点时，他们通常的反应是用论据来支持他们最初的观点。因此，一个相信自己不胜任、没效率、没能力的员工不太可能因为某人（哪怕是治疗师）告诉他，他很优秀、很能干、很有价值，就突然相信真是这样。事实上，他们会倾向于出现确认偏误，由于他们认为自己不胜任，因此会产生或回想起支持他们消极的世界观的信息，对抗治疗师积极的建议。苏格拉底式发问是一种引出积极信息的方法。古希腊哲学家苏格拉底认为，其实人们内心已经知道了人生重大问题的答案，这些答案可以通过精心设计的问题被引导出来。如果做法正确，治疗师能够鼓励来访者形成有关他们自己、有关他人、有关世界与未来的不太偏颇的新看法。这种方法不是中立的，提出这些问题是有目的的，但应该引导来访者自己说出不同的观点，而不把观点给予他们。

苏格拉底式发问的例子有：“是否可以以不同的方式来看待这种情况？”“其他人对这种情况会怎么想或会有什么反应？”“过去你会怎么看这种情况？”“你对某个身处这种情况的人会说些什么？”认知行为治疗师经常鼓励来访者测试一下以不同的方式思考或做出反应会有什么结果。例如，某个人相信自己是不胜任、没能力的，治疗师不仅会鼓励他对其他的思维方式敞开心扉，而且会鼓励他进行测试，将新的思维方式应用于新工作，或者寻求同事的反馈。当然治疗并不总是这么简单。有时人们得到的反馈是令人沮丧的，或者进一步证实了来访者悲观的世界观，那么治疗师，尤其是认知行为治疗师要准备好说："好吧，这一定是个打击，你对此可以做点什么？"

我的朋友兼同事萨拉·泰博士发明了一种说法来解释认知行为疗法的原理，"抓住它，核查它，改变它"。首先是"抓住它"，也就是发现你在想什么。在传统的认知行为疗法中，很多人会记日记，这样他们就可以认识到自己的想法、信念和态度。此外，用情绪的改变作为检查自己思维的线索也是一种有效的方法。当你注意到无助的情绪或情绪改变时，或者当你注意到自己的行为有问题时，便可以把它们作为检查你自己的想法的线索——"我在想什么""我为什么那样想"。正如我之前提到的，自我意识似乎通常会有帮助，因此"抓住它"也意味着意识到自己的内在生活——以不加评判的态度感知自己在想什么，有什么感受，在体验什么。然后治疗师要求客户"检查它"。在认知行为疗法中，这通常意味着查看这些想法是否与焦虑症、抑郁症等有关，这个人是否已经成为了常见的认知偏差的受害者。人们还有可能发现更根本性的想法——这些想法在充满压力的情境中会引发问题。然后我们当然要"改变它"，这始于逆转确认偏误。不要寻找支持现有观点的证据，我们应该鼓励自己进行倒转——寻找证伪的证据。在认知行为疗法中，治疗师会要求来访者形成一个替代观点，也就是可以替代自动的消极想法的观点，尤其要质疑支持这些想法的证据。这些都是我们自己可以做的。

严重问题的治疗

这些相对简单的方法对严重的问题很有效。几年前我发表过一篇论文，描述了用这些方法治疗有被害妄想的年轻人——妄想狂。在读博士时，我和我的导师理查德·本托尔（Richard Bentall）探究人们如何解释周围的世界会导致妄想。简单来说，我们将生活中的变化无常归罪于其他人似乎是个好主意（因为这样你就不会太自责），但这会让你心烦意乱，好猜疑。

在攻读博士期间，我也是一位有资格的临床心理学家，因此基于这种理论上的方法，我为一个年轻人进行治疗。来访者是一位33岁的男性，我在一家综合医院的精神病病房见到了他。35天前他被医院急诊部收治入院。他相信一个大型国际毒品团伙的成员在图谋迫使他加入他们的组织，如果他不加入，会有生命危险。他非常确信事实就是这样，但不确定谁是那个组织的成员，甚至怀疑病房工作人员和我。被收治入院时，这个年轻人暂时被诊断为偏执型精神分裂症或“妄想症”（非常类似的另一种诊断）。他吸食印度大麻，但自从入院之后便没有使用过这种违法药物，并且在服用标准的精神病药物。

我发现在这个年轻人对事件的解释中，大量的消极事件是由他人造成的，尤其是正在密谋的危险的毒贩子。因此当警察出现在病房里时，他认为这一定与他有关；当没有按时收到社会保障救济金时，他认为一定是大毒枭从中作梗；当病房储物柜里的一本书找不到时，他确信这一定是阴谋的一部分，目的是在智力上瓦解他。我花了几周时间进行观察和测量（为了建立基线水平），然后开始鼓励他对每天的事件进行多样化的解释，鼓励他特别注意通常的解释以及由环境造成的原因。其实警察常常来病房执行日常工作（他们似乎并没有特别注意他）；对于远方政府机构里的公务员来说，把信件转到医院病房里有点复杂；在医院里确实有时候会丢东西（尤其是在精神病科病房）。

幸运的是，在主动对令人担忧的事件进行情境归因后，这个年轻人的妄想几乎立即显著减少。在查看他的病历时，我发现这段时期里对他的医治和护理并没有发生改变。接受治疗后，他的一些叙述显示他病情的变化主要与思维方式的改变有关。一次，他看到一个女人牵着两条“长相险恶的”狗。他说他最初的反应是“这是恐吓我的计划的一部分”。后来他主动提醒自己，印度大麻会加剧妄想，这可能就是为什么他会感到害怕的原因。又有一次，他的钥匙打不开新公寓的门：“这通常会引发我的妄想，但这次没有，我想可能是房产中介给错了钥匙，于是我返回去拿到了正确的钥匙。”不幸的是，我只能对他进行五个月的追踪研究，但可以看出他的妄想症好多了：“我真的已经忘掉那些事了。我的意思是，我确信发生了一些事情……但那已经过去了。现在我顺其自然。我估计即使有阴谋的话，现在也停止了。或者从来就没有什么阴谋，只是我以为有。”

以不同方式进行认知行为治疗

英国国家健康与临床卓越研究所发布的第一条临床指导原则就涉及精神分裂症的治疗，它建议应该给百分之百被诊断患有精神分裂症的人提供认知行为治疗，这条建议在很多问题上被重复。这是在正确的方向上迈出的一大步，它将使成千上万的人摆脱痛苦，但我依然认为不应该把这些问题视作“疾病”，“开具”认知行为疗法，就好像它是一种形式的药物。我们必须清楚的是，帮助人们发现自己是如何看待世界的（如何看待自己、他人，如何看待世界和未来，以及它们对思维方式的影响）并不是对疾病的治疗。这种思维的实际应用就是帮助人们以新的方式来看待世界。这就是治疗开始介入的地方，但它远比“谈话治疗心理障碍”更复杂。

我的建议比对全面应用认知行为疗法更进一步。我认为，我们对认知行为疗法本身的思考应该有点改变。认知行为疗法的工作原理（帮助我们反思自己的思维过程，如果有必要，改变它们）告诉我们，想法会影响我们对世界的体验，我们可以将这个事实应用于提升我们的幸福感。这适用于存在心理健康问题的人。认知行为疗法是一种非常有效的疗法，但它也适用于不存在心理问题的人。体察我们自己的想法，以及我们为什么会那样想，这会产生什么结果以及如何以不同的方式进行思考等，这些对所有人都是有益的。

主宰自己的命运

THE NEW LAWS OF
PSYCHOLOGY

Why Nature and
Nurture Alone
Can't Explain
Human Behaviour

为什么你会以你的方式做事？什么使得人生有价值？据说南非反种族隔离英雄纳尔逊·曼德拉（Nelson Mandela）在被监禁在罗本岛上时，曾在牢房里写下一首诗——《永不屈服》（*Invictus*）。这首诗激励着曼德拉和其他很多人。其中有几句体现了这首诗的精髓：

在命运的棒打威吓中，我头破血流，但誓不低头。

……我是命运的主宰，我是灵魂的首领。

我们很多人都想成为自己命运的主宰、自己灵魂的首领：威风自信地引领我们自己的人生道路，做出决定并影响我们自己的生活。为此，我们需要知道什么能够影响我们的命运，我们如何能达到那种渴望的状态。

什么在塑造我们的命运

为什么我们会做出我们所做的行为？我们是基因与生物学的产物吗？我们的行为、想法和情感是大脑生物物质的自然结果吗？古怪的人格和个体差异是源自大脑中的差异吗？这些差异是遗传决定的吗？从这种意义上说，生物学是否主宰着我们的命运？如果真是这样，那么我们能成为自己命运的主宰吗？

同样地，我们是社会情境的仆人或奴隶吗？事件的后效作用是否塑造了我们？如果我们认为社会因素决定了我们的身心健康状况，如果社会地位、贫富状况塑造了我们，那么我们如何才能真正地成为自己命运的主宰？我们是棋盘上任人摆布的棋子，还是在下棋的棋手？如果像某些心理学家所说，我们的行为和情感是后效强化的结果，那么难道我们真的是环境的奴隶？如果我们要么是基因的产物，要么是环境的产物，那么可以自我掌控的空间真的不太大。

我们的想法塑造了我们。不幸的是，所有人都要服从物理学定律。牛顿、爱因斯坦和霍金会说，我们都逃不出数学定律的支配。作为人类，我们的本性既不可能与外部的物理世界、生物世界和社会世界相隔绝，也不可能不受它们的影响，但本质上塑造我们的是我们的思想。我们的信念、情感和行为，包括我们的心理健康都是我们看待世界的方式的产物，即我们对自己、对他人、对世界和未来的看法。

这些看法并非凭空出现的：我们之所以会那样想，是因为作为人类，那就是我们习得的方式。我们在生活中会面临令人眼花缭乱的各种刺激，我们用超级高效的学习机器——大脑对这些刺激进行加工和理解。我们了解其中一些最重要的心理过程和机制。我们对有关学习的心理学如何与生物科学、社会科学相互作用有很多了解，而且我们对此的认识在与日俱增。

我之所以那样想是有原因的。我对自己、对他人、对世界和未来的想法很容易解释，因此我们完全有可能理解人们为什么以他们那种方式来理解世界，但重要的是要认识到这种理解的框架、这些信念系统决定了我们的情感和行为。我们之所以那样做，是因为我们有那样的想法。

这引发了“认知革命”（即最近科学界和大众对大脑和思维的工作原理的强烈兴趣），它远不只是神经学现象。这场革命始于20世纪50年代，当时心理学家（和了解认知心理学的精神病学家）提出了有关人们如何理解世界的复杂而实用的模型。用简单易懂的话来说就是，人天生就是一台学习机器，拥有高度复杂但接受能力很强的大脑，为理解并参与到这个世界中做好了准备。人生中的事件和事例使我们形成了有关世界的心理模型，然后我们用它指引我们的思想、情感和行为。这些模型可以解释大量的人类行为，人们理解上的差异可以解释人与人之间的差异。如果你知道人们是如何理解他们的世界的，他们的行为在很大程度上就是可解释的。

这引出一个非常简单但很有力的观点——心理学基本定律：我们的思想、情感和行为（以及由此提及我们的心理健康）很大程度上取决于我们如何理解这个世界。

我们为什么这样想

这些有关世界的心理模型非常强大。人们所经历的事件和体验可以有效地解释这些心理模型，它们是学习的产物。

尽管我们比较喜欢使用生物决定论来解释人类行为，但还有更人性化的解释方法。大脑是天生的学习机器，我们的经历影响着我们对世界的理解。有时最简单、最明显的解决方法最好，有些人就是这样来解释大多数问题的。生活看起来很复杂，但人们会理解他们的世界并据此采取行动，这些行为是可预测的。

为了彻底地理解人类，我们显然需要了解大脑及其工作原理，但如果没有心理学，神经学几乎无法解释人与人之间的差异。神经解剖学的发现之所以有意义，是因为它们与心理过程相关，因为心理过程会改变我们理解世界的方式，会改变我们对事件的反应方式。与之类似，我们需要日益深刻复杂的社会科学。理解社会因素和生活事件对我们的情感、行为和心理健康的影响意味着理解我们的想法如何受以下因素的影响：在我们主动学习和理解世界的过程中，生物因素、社会因素和环境因素通过对我们的影响，影响着我们的情感、思想和行为，因此也影响着我们的心理健康。

由此导出了更进一步的重要结论，从决定命运的角度来看，发生在我们身上的事情可能比我们的基因更重要。我们知道从生物学角度来看，人们彼此不同，我们也知道这会造成差异。然而，我们还知道人们在社会环境和生活事件方面差异巨大。个体之间的差异很重要，但这些差异肯定没有社会环境方面的差异重要。原因在于基因赋予了我们一个卓越的学习机器——大脑。由于我们存在着细微的遗传差异，因此这个学习机器的运转会因人而异。同样地，人与人在经历上也会有很大不同。对于塑造我们各自的想法来说，这些明显的差异（比如布隆迪人、我和国际金融家的经历就存在着明显的差异）可能比遗传差异更重要。

为什么重要

以上的观点对“心理疾病”“变态心理学”等理念提出了质疑，这些理念被认为是过时的、无效的，且有损人格。诸如“抑郁症”“精神分裂症”等诊断类别被认为毫无益处。他们反对心理健康问题本质上是生物问题的观点，质疑广泛使用的药物治疗。

心理疾病的概念是没有意义的。人们显然有严重的心理问题：在英国，女性分娩第一个孩子后的一年里，最常见的死亡原因是自杀；四分之一的人在一生中的某个时期会出现某种形式的情绪问题。据估计，英国每年在心理疾病和健康上的花费能达到数十亿英磅，而抗抑郁剂是最常用的药物，也是大型跨国制药公司最赚钱的药。

疾病的观念毫无益处，而变态心理学的概念甚至是不合理的。我们对重要的心理过程和发展过程有很多了解，而且我们知道生活中的事件、社会环境以及我们的生物学特征会如何影响这些过程。这些心理学洞见适用于所有人。就像不存在“变态物理学”一样，也不存在只适用于痛苦烦恼者的“变态心理学”。我们都要理解我们的世界，就得运用相同的心理机制来进行这种理解。从这个角度来探讨健康和幸福既是激进的，也是我们的常识。有关对理解世界和与人互动的心理过程的科学研究，能够提供积极、有效、有益的替代性概念，替代“心理疾病”和“变态心理学”。这个替代性的概念符合世界卫生组织的提议，即健康不只是没有疾病，也符合欧洲联盟的提议，即“对公民来说，心理健康是一种资源，使他们能实现智力和情绪的潜能，发现并履行他们在社会、学校和工作中的职责。对社会来说，公民良好的心理健康有助于促进繁荣、团结和社会公正。”

人们常常在没有必要的情况下去看临床心理学医生或精神病医生。他们的问题通常没有被很好地描述，没有得到恰当的解决，也没有被充分地理解。如果你知道他们经历过什么事情，他们如何对生活中的经历做出反应，便能够理解人类的很多体验。我们执迷于用医学方法来解决人类的痛苦，实现健康与幸福会导致一个可悲的结果，那就是问题通常只是被诊断和治疗，但没有被理解。神经科学的奇迹对科学家来说很有启发性，但把注意力集中在神经元的功能上会造成一些问题。尽管把心理问题看成是“疾病”一开始似乎能赋予人力量——有心理问题的人不太可能被责备、被羞辱、被忽视，但这样做存在一些困难。心理健康问题是疾病的理念很吸引人，但在科学层面上有欠缺，因为它很难满足传统的可靠性、有效性和有用性的要求。“疾病模型”对减少指责和污名是有帮助的，但它也会造成被动，并暗示着生物上的原因和解决方法。对药物治疗的依赖并不是完全有益的，用大脑缺陷来解释心理问题也没有什么帮助。

然而我们现在有更好的理解，它会带来更好的结果。现代心理学对人类如何思考、感受和行动有了很多了解，这使得我们可以从全新的视角理解和解释情绪问题和行为问题。新的疗法（其中最著名的是认知行为疗法）被证明很有效（至少像药物一样有效），而且很受欢迎。然而令人沮丧的是，这些方法的有些益处被削弱了，因为直到现在，人们还在以医疗化的方式运用它们。因此我们应该对大脑与心理的关系、对心理健康和所谓的心理疾病以及对治疗和幸福进行不一样的思考。

如何能成为命运的主宰，灵魂的首领

本章开篇引用的《永不屈服》中满怀雄心壮志的诗句很吸引人，但我们需要一些工具来帮助我们实现这个目标。既然我们的思想、情感和行为在很大程度上是由我们对世界的理解方式所决定的，那么当我们能够主宰自己的思想时，就能成为自己命运的主人。这并不简单。大多数人不能有意识地、主动地选择和形成自己的信念。我们不会觉得是我们自己决定爱上某人的，我们就是爱了。我们没有决定成为基督徒、佛教徒或无神论者，通常觉得自己无意中拥有了某种信仰。很多学习是内隐性的。我们通常不记得自己什么时候以及如何学会了很大一部分重要的东西。我们最重要的信念是通过生物因素、社会因素、环境因素与不断发展的信念系统相互作用而形成的。

但是我们可以学习控制我们的思想，这正是治疗试图达到的目的。我没有认为治疗是灵丹妙药，但心理治疗有它们的位置（我相信针对真实生活的实用的解决方法至关重要）。当尝试用疗法来帮助人们改变他们的生活时，我会提出一些问题，试图发现他们如何理解自己的身份，如何理解其他人，如何理解世界和未来。通过提问题（有时用问卷），我尽量发现他们在想什么，他们认为什么重要，他们记得什么，他们如何解释生活中的重要事件以及这些事件为什么重要。治疗的重点是帮助人们以不同的方式进行思考，我鼓励来访者与他们自己的情感保持一点距离，培养检视和评估自己的思想的能力。我帮助人们了解他们在想什么以及那为什么很重要。记日记这样简单的事情能够帮助人们认识到自己在想什么。治疗师和来访者探讨这些想法，帮助他们探索想法本身的各个方面。他们为什么会有这些想法？他们是如何学会了这种看待世界的方式？什么生活经历导致了这些假定、想法和信念？

很重要的一点是，治疗师还会探讨替代性的思维方式。我们帮助人们改变他们的思维方式。这并不容易，但不是不可能。经过一段时间，通过合理使用各种有益的技能和方法，我们帮助人们以新的方式看待他们的想法。我们探讨其他的思维方式，这被证明很成功。心理治疗至少和药物治疗一样有效。你真的可以改变你的思维方式，这真的能产生影响。来访者逐渐认识到心理学家真的相信他们的存在对家庭来说是负担，他们最好死掉，大家都恨他们，死亡是一种解脱。我们可以慢慢地学会改变所有这些想法。从统计上看，认知行为疗法像抗抑郁剂一样有效。我当然不是在建议所有人都应该试一试治疗，但治疗确实能改变我们的想法。

如果我们能理解自己为什么那样想，便能够改变我们的想法。我们同时并且不断地操纵着无数具体观念和抽象观念的表征（虽然我们的记忆一次只能记住 5 到 9 件事）。人类具有自我意识，我们不仅知道自己的存在，而且知道我们在思考，这意味着我们能感知自己的想法……尽管我们必须付出努力。我们可以不加批评地感知自己思想的内容，我们可以对此做些什么。我们可以寻找新的证据，包括有可能改变，甚至驳斥我们的看法的证据。

在前面的章节中，我提到过“抓住它、检查它、改变它”的理念。我们可以“抓住”自己的想法，尤其是令人烦恼的想法，“检查”它们，思考这些想法来自哪里，它们意味着什么，它们会导致什么，以及它们是否合理，是否基于可靠的证据。最后，我们可以“改变”它们，我们可以寻找新的证据，尝试新的观点和新的可能性。

改变你的生活，一次改变一个想法

思想塑造了我们。我们的信念、情感和行为，包括心理健康，都是我们看待世界的方式的产物，也就是我们对自己、对他人、对世界和未来的看法的产物。这些想法本身是学习的结果，学习就是社会环境、人生事件和经历，以及我们对它们的理解和反应。大脑是一个超级高效的学习机器，它对我们的经历进行理解。由此产生的理解框架决定着我们的命运。

我们在持续不断地学习，每天都在学习新事物。因此我们能够学会反思、思考和改变我们的想法。为了成为自己命运的主宰，成为自己灵魂的首领，你需要成为自己想法的主宰和首领，你可以改变自己的命运，一次改变一个想法。

译者后记

THE NEW LAWS
OF PSYCHOLOGY

心理学很长时间以来受到质疑，质疑它不属于严谨的科学，因此心理学开始改变最初的传统，与新兴的神经学、由来已久的生物学建立联系，从生理、分子、神经元、神经递质的角度来解释心理差异，将偏离大多数人心理状态的状态称为心理疾病，并形成了变态心理学这样的分支。但是在作者看来，这样做是矫枉过正。虽然心理学具备了所谓的科学性，但失去了人性。

本书的作者彼得·金德曼是利物浦大学的临床心理学教授，他曾两次担任英国心理学会临床心理学分会的主席，在媒体上探讨心理健康问题并且为政策制定者提供建议。他认为把与众不同的心理状态称为心理疾病是不恰当的，和政策的心理一样，它们都处于一个连续体上，都是人类在长期进化中形成的，具有适应环境的功能。几亿年过去了，自然环境和社会环境都发生了改变，对于原始人来说的良好适应成为了今天的适应不良，比如对新事物的谨慎和抗拒。在采集狩猎时代，对新事物的谨慎和抗拒有助于生存，有助于将基因传递下去。而在今天的信息时代，这个特点会阻碍人类的发展和进步。

此外，作者还认为生物学、神经学无法完全解释人类在行为、情感和思维上的差异。虽然生物学和神经学已经取得了巨大的发展，但人与人之间细微而复杂的差异还无法一一对应到解剖结构、化学物质、神经元等方面的差异，也许永远也无法实现这种对应。目前来看，弥补这种差距的方法就是用人们思维方式和态度的差异来解释。看到相同的事物，每个人的反应多多少少会有所不同，作者认为这种不同主要源于人们的思想，源于人们对自己、对他人、对世界和未来的不同看法。这些思想和观点的差异源自持续一生的学习。这里的学习是广义的学习，包含你所经历、体验的一切。有些人之所以存在心理问题，是因为他们看待自己和他人，看待世界和未来的方式与大多数人不一样。既然这种思维方式是习得的，那么就能够通过习得新的思维方式，解决心理健康问题。

本书的观点无疑会给很多人带来希望，虽然改变几十年形成的思维方式很不容易，但绝非不可能。而且存在心理健康问题的人不再是病人，而是需要让自己的想法和反应更适应目前的环境的人。本书引用了佛教的一句揭语——“相由心生，境随心转”，让我们以此共勉。最后，感谢在翻译过程中给予我帮助的朋友们，谢谢崔楠、范彬彬、郭晓岩、何彦科、曹健涛、徐雨辰、赵丹和焦莹。

黄珏苹

北京阅想时代文化发展有限责任公司为中国人民大学出版社有限公司下属的商业新知事业部，致力于经管类优秀出版物（外版书为主）的策划及出版，主要涉及经济管理、金融、投资理财、心理学、成功励志、生活等出版领域，下设“阅想·商业”“阅想·财富”“阅想·新知”“阅想·心理”“阅想·生活”以及“阅想·人文”等多条产品线，致力于为国内商业人士提供涵盖先进、前沿的管理理念和思想的专业类图书和趋势类图书，同时也为满足商业人士的内心诉求，打造一系列提倡心理和生活健康的心理学图书和生活管理类图书。

阅想·心理

《这才是心理学：看穿伪心理学的本质》

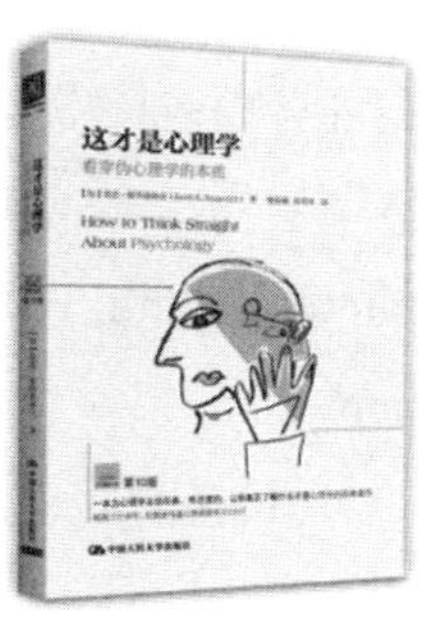

- 一本为心理学去伪存真、有态度的、让你真正了解什么才是心理学的经典著作。
- 畅销三十余年、长踞亚马逊心理类图书前100名位置。

《改变心理学的40项研究》

- 心理学史上影响无数人的、最重要的40项研究。
- 20年来畅销不衰的心理学入门经典图书全新升级和修订。
- 亚马逊心理学类畅销书Top100，亚马逊心理健康类畅销书。

THE NEW LAWS OF PSYCHOLOGY：Why Nature and Nurture Alone Can't Explain Human Behaviour

ISBN: 978-1-78033-600-8